«Nunca antes un libro me ha [...] te a sentarme, tomar aire y deshacerme de todo el agobio, el cansancio y el agotamiento que han caracterizado los últimos años. Las obras de Max siempre se sienten como tomar un café con un amigo querido, pero *Nuestra ayuda fiel* es diferente. Este último libro de Max nos desafía a luchar por un nuevo camino a seguir, confiando en que nuestro Salvador no solo nos sacará de la oscuridad, sino que nos rescatará y nos llevará en gloria. Las palabras de Max son poéticas y penetrantes: empapadas de gracia y fundamentadas en las Escrituras. Esta es una lectura obligada para cualquiera que haya pasado por tiempos difíciles y esté listo para un nuevo camino».

—Emily Ley, autora de éxitos de ventas y
fundadora de Simplified

«¿Quieres tener una relación más profunda y cercana con Dios? Puedes hacerlo a través del Espíritu Santo. En *Nuestra ayuda fiel*, el nuevo libro de mi buen amigo Max Lucado, él explora la persona, el poder y la provisión del Espíritu Santo. Max explica que tener una relación con el Espíritu hace que tu vida sea más plena, más rica y más emocionante de lo que jamás soñaste. Debes leer este libro».

—Robert Morris, pastor principal de la Iglesia Gateway;
autor de los éxitos de ventas *Una vida de bendición*,
Más allá de toda bendición y *Tómese el día libre*

«El liderazgo de Max y sus hermosos testimonios a lo largo de estas páginas me han animado y enseñado cómo abrazar al Espíritu Santo y elegir la alabanza en lugar del pánico. A través de sus historias y su profundo conocimiento, Max nos recuerda con amor que la adoración y la alabanza son las respuestas para nuestro ritmo de vida lleno de ansiedad, exceso de trabajo y estrés».

—Hillary Scott Tyrell, cantante del grupo Lady A,
ganadora de un premio Grammy

«Durante años he anhelado como pastor tener un libro igual a este en mi estantería para regalarlo. Por fin, no una doctrina o una explicación del Espíritu Santo, sino una introducción real y una invitación a la presencia viva de Dios».

—Richard Kannwischer, pastor principal de la
Iglesia Presbiteriana de Peachtree

«La mente brillante y el corazón tierno de Max Lucado se exhiben una vez más en su libro más reciente, *Nuestra ayuda fiel*. Max combina su reconocida narrativa con una poderosa revelación bíblica sobre la persona del Espíritu Santo. Este es un libro hermoso e importante. Nada ensancha más la imaginación que reconocer que Dios se nos da como herencia. La persona del Espíritu Santo es nuestro mayor regalo, y es nuestro deleite aprender a acogerlo bien. Todo lo verdadero, noble y bello que hay en nosotros proviene del Padre, que nos llenó con su Espíritu, capacitándonos para hacer lo que era humanamente imposible. Hemos sido llamados a ser, como escribe Max, "la expresión sobrenatural de Dios en el planeta". Qué privilegio; qué responsabilidad; qué alegría».

—Bill Johnson, Bethel Church, Redding, California;
autor de *Cielos abiertos* y *Naciste para trascender*

«¿Estás cansado? ¿Agotado? ¿Simplemente insatisfecho con tu vida espiritual? Deja que mi amigo Max Lucado te hable de tu Ayudante, el Espíritu divino que lo cambia todo. Este emocionante libro —profundo y práctico a la vez— vigorizará tu vida con Dios como nunca antes. No te pierdas la aventura transformadora de vida que hay dentro de estas páginas».

—Lee Strobel, autor de los éxitos de ventas
El caso de Cristo y *En defensa del cielo*

«Pocas personas en el mundo evangélico escriben con perspicacia penetrante y claridad persuasiva como lo hace mi amigo Max Lucado. Este libro lo atestigua una vez más. Cuando Max me comentó por primera vez que estaba escribiendo un libro sobre el Espíritu Santo, supe al instante el impacto que tendría. Muchos de los que han seguido el ministerio de Max a lo largo de los años se sorprenderán cuando descubran que ahora cree en la validez contemporánea de todos los dones espirituales en la vida de la iglesia de hoy. El caso completamente bíblico de Max sobre la obra del Espíritu te desafiará y finalmente te persuadirá de su verdad, animándote enormemente a buscar una manifestación aún mayor del poder del Espíritu en tu vida. Lo recomiendo encarecida y gustosamente».

—Sam Storms, Ph.D., Enjoying God Ministries,
autor de *Understanding Spiritual Gifts: A Comprehensive Guide*

«Max Lucado posee una habilidad milagrosa para destilar las aguas profundas de Dios en manantiales refrescantes de simplicidad y gracia. No podríamos imaginarnos caminando según los propósitos de Dios en nuestras vidas sin el conocimiento poderoso del Espíritu Santo que el nuevo libro de Max proporciona. ¡Si alguna vez te has preguntado cómo es posible navegar por los desafíos de este mundo y aun así considerarlo todo con alegría, no puedes perderte *Nuestra ayuda fiel*!».

—Matt y Lauri Crouch, Trinity Broadcasting Network

«En nuestros tiempos más difíciles, *Nuestra ayuda fiel* brilla con una luz resplandeciente de esperanza y aliento para mostrarnos que no importa lo que estemos pasando, no tenemos que llevar las cargas solos. Tanto si se trata de dificultades como de agotamiento, Max Lucado nos recuerda que hay ayuda y que no está lejos, sino siempre presente en los tiempos de dificultades».

—Sadie Robertson Huff, autora exitosa,
oradora y fundadora de Live Original

«Max Lucado no solo es un escritor con un talento enorme, sino que también tiene una visión de las verdades espirituales que nos acercan a Jesús».

—Nicky Gumbel, pionero de Alpha

«El Espíritu Santo es el miembro más incomprendido y mal representado de la Trinidad, y sin embargo, antes de que Jesús ascendiera al cielo, les dijo a sus discípulos que no salieran de Jerusalén hasta que el Espíritu Santo hubiera venido sobre ellos. La promesa era que recibirían poder de lo alto. ¿Quién no quiere eso? ¿Quién no lo necesita? Deja que Max te guíe a través de las sorprendentes escrituras que describen la maravilla, la promesa y el poder del Espíritu Santo, quien está disponible y es tan necesario para todos y cada uno de los que seguimos a Jesús. ¡Gracias, Max, lo necesitábamos!».

—Terry Meeuwsen, copresentadora de
The 700 Club; fundadora de Orphan's Promise

«El homenaje que hace Max Lucado del don gratuito de Jesús del Espíritu Santo a cada creyente cristiano, aparte de cualquier condición previa o "entrega" de cualquier tipo para "merecerlo", está lleno de estímulos a fin de permanecer simple y diariamente vivos para este Morador. ¡Recomiendo encarecidamente el sabio consejo de Lucado!».

—Dr. Frederick Dale Bruner, profesor emérito
de teología, Universidad Whitworth

«La lectura de la Biblia, la oración, la iglesia, un tiempo lejos del interminable flujo de las redes sociales y las noticias constantes... Una vida de paz no está fuera de nuestro alcance, pero como se ha dicho, las cosas fáciles de hacer también son fáciles de ignorar. Nuestra cultura se vuelve más ansiosa, más estresada y más desesperada cada minuto, mientras que las cosas que promueven la paz se quedan sin hacer. Si te has sentido cada vez más impotente o debilitado por la desesperación, deja que Max Lucado te guíe suavemente hacia pastos más verdes. La ayuda práctica y la esperanza que se encuentran en *Nuestra ayuda fiel* pondrán el viento del cielo a tu espalda y te darán las herramientas para recuperar tu confianza».

—Levi Lusko, pastor principal de la
Iglesia Fresh Life y autor de éxitos de ventas

«Lucado ofrece una cuerda salvavidas para cada persona cansada del planeta. Lee. Inhala el aliento de vida. Conoce el gozo y el poder de lo alto».

—Ken Shigematsu, pastor de Tenth Church, Vancouver, BC;
autor del éxito de ventas *God in My Everything*

Nuestra Ayuda fiel

Cómo enfrentar los desafíos de la vida con
el poder del Espíritu Santo

MAX LUCADO

GRUPO NELSON

Desde 1798

El Espíritu da vida; la carne no vale para nada.
Jesús
—Juan 6:63

Con gran gozo dedico este libro al Dr. Pete Ledoux.
Hijo de nuestro buen Padre, amante del Espíritu,
seguidor de Jesús, y siervo de la gente.

Contenido

Reconocimientos

¡Cómo me gustaría que pudieras conocer al fantástico equipo que hay detrás de este libro! Son resueltos, creativos y dedicados. Gracias a ellos se terminan los capítulos, se diseñan las cubiertas, se distribuyen los libros y se tocan vidas. Si el mundo editorial tuviera un Salón de la Fama, estos amigos, sin excepción, estarían en él.

Liz Heaney y Karen Hill: editoras extraordinarias. No es nada fácil disuadir a este autor que es terco como una mula. Ellas aclaran, desenredan y corrigen. ¡Y lo llevan haciendo por treinta años!

Carol Bartley: ¿Cuántos errores gramaticales, citas erróneas y detalles has arreglado? Eres para un manuscrito lo que un dentista es para una dentadura con caries. Gracias por las extracciones.

David Drury: Tu experiencia e intelecto me han evitado muchos errores cruciales. Gracias por revisar esta obra.

Steve y Cheryl Green: Amigos de toda la vida y siervos comprometidos.

El equipo de superhéroes de HCCP: Mark Schoenwald, Don Jacobson, Tim Paulson, Mark Glesne, Erica Smith, Janene MacIvor y Laura Minchew.

Greg y Susan Ligon: Si alguna vez deciden presentar su candidatura como presidentes, cuentan con mi voto. Trabajan como nadie.

Andrea Lucado: Tu gran trabajo en las «Preguntas de reflexión» enorgulleció a este papá.

Dave Treat: De nuevo has levantado este proyecto en oración. Que tus oraciones más sublimes sean respondidas.

Caroline Green: ¡Bienvenida a este equipo! Es una gran bendición tenerte.

Jana Muntsinger y Pamela McClure: Suavizan el camino rocoso de la publicidad. Gracias a ustedes, las puertas se abren y se corre la voz.

Joy Pruett: Gracias por tu cuidadosa lectura del primer borrador y tus valiosos comentarios.

Janie Padilla y Margaret Mechinus: Siempre firmes, calladas y fuertes como una roca. Gracias.

Brett, Jenna, Rosie, Max, Andrea, Jeff y Sara: Ningún papá podría estar más orgulloso que yo de su familia.

Denalyn, mi esposa. Este libro se publica casi el día de nuestro cuadragésimo aniversario de bodas. ¡Cuarenta años! Como cuarenta minutos. Te amo y quiero que sepas que volvería a hacerlo de nuevo.

Y para ti, el lector: ¡Muchas bendiciones! Me siento muy honrado de que me dediques unos minutos de tu tiempo. No tomo el privilegio a la ligera. Puedes estar seguro de que soy consciente de mi entendimiento limitado. Reflexionar sobre el Espíritu es como meditar en un infinito océano de belleza. Nadie comprende del todo las profundidades. Las palabras de Bernard Ramm son muy acertadas:

> Hay algo oculto en el Espíritu que no se puede descubrir. Hay una inmediatez del Espíritu que no se puede empujar hacia una visión. Hay una invisibilidad del Espíritu que no se puede forzar para hacerla visible. Hay una reticencia del Espíritu que no se puede convertir en apertura. Por estas razones, uno se siente desamparado, inepto e indigno de escribir una línea sobre el Espíritu.[1]

El Espíritu desafía la comprensión y, a la vez, le da la bienvenida al intento. Este es el mío. Espero que te aliente.

Prefacio

Imaginemos que estás de vacaciones. Cargas el automóvil y conduces hasta un hotel en la montaña. Aire puro. Vistas espléndidas. Buen clima. Va a ser genial. Además, ese hotel ofrece una oferta de fin de temporada que se ajusta a tu presupuesto. Esta es tu oportunidad para hacer lo que siempre quisiste hacer: senderismo por la montaña.

La primera mañana, eres la primera persona en salir por la puerta. No te has quedado dormido, no señor. La mochila en la espalda, la botella de agua llena y un nivel alto de entusiasmo, el mapa en una mano y el bastón en la otra. ¡Qué divertido!

La diversión dura poco. El camino es empinado y tus nuevas botas para escalar están rígidas. A pocos minutos de haber comenzado el recorrido, te preguntas: *¿Metió alguien sacos de arena en mi mochila?*

Te apartas a un lado del camino para recuperar el aliento. Es entonces cuando oyes al guía y a sus felices seguidores. Él lleva un sombrero de alas anchas y habla con un tono de seguridad que te hace pensar que sabe lo que hace. Identifica los nombres de las flores, describe la historia del camino, y comparte algunos consejos sobre la mejor manera de tener el mejor día de senderismo.

Sus seguidores no llevan cosas encima, así que caminan a buen paso. El guía señala la vida salvaje a lo largo del camino y hace pausas para responder a las preguntas de los senderistas. Tú piensas en acercarte a ellos y escuchar a hurtadillas, pero no pagaste para tener un guía. Además, no podrías seguirles el paso.

En cuestión de momentos, el grupo ya va muy por delante. Tú te quedas rezagado con tu carga, que es cada vez más incómoda.

Tras unos kilómetros, los alcanzas. Están sentados en una pradera escuchando al guía describir la vasta cordillera montañosa. ¡Y están almorzando! Sándwiches, papas fritas, refrescos y galletas. ¿Esas galletas con trocitos de chocolate son caseras? ¡Se están dando un festín!

Tú suspiras y te preguntas si el sándwich de mantequilla de cacahuate y mermelada que llevaste se habrá humedecido. No importa. Ya no tienes hambre. Das la vuelta y te diriges hacia el sendero. Suficiente miseria y tristeza para un día.

A la mañana siguiente, te duelen los músculos y tienes los pies hinchados. Tardas casi una hora y usas una caja de curitas para cubrir tus ampollas. Sales otra vez a probar un nuevo sendero. El segundo día es un claro espejo del primero. El camino enseguida también se vuelve empinado. Las piernas se cansan demasiado rápido y, si la mochila parecía llena de sacos de arena ayer, hoy parece que está llena con bloques de cemento.

¿Y adivina a quién oyes que se acerca por el sendero detrás de ti? Correcto. El alegre guía y su grupo de afortunados seguidores. Te apartas a un lado del camino y los dejas pasar. Uno de ellos va silbando. Una pareja va conversando. El guía hace una broma y los demás se ríen.

¿Y tú? Pareces una mula cargada con artrosis.

A los pocos kilómetros, vuelves a alcanzar al grupo. Están —ya lo has adivinado— sentados en una pradera comiendo en un pícnic, disfrutando de una presentación de la naturaleza.

«Tenemos helado casero», anuncia el guía. «¡Vamos a acabar con él!».

Tú gruñes diciendo algo sobre las injusticias de la vida, te das media vuelta, y regresas al hotel. Pasas la tarde viendo televisión y comiéndote tu sándwich de mantequilla de cacahuate y mermelada.

¿El tercero y cuarto días? Idénticos al primero y el segundo.

El quinto día ni siquiera sales del vestíbulo del hotel.

Estás pensando en lo tuyo cuando oyes que alguien pronuncia tu nombre. Alzas tu mirada y es el guía de senderismo.

—Te he estado buscando —dice—. ¿Dónde has estado?

—¿Qué?

—Esperaba que te unieras a nuestros recorridos diarios. Están incluidos en la oferta. Las charlas. La comida. Todo se incluye en la oferta. Quizá no leíste bien el folleto que enviamos.

—Me temo que no.

—Nosotros nos ocupamos de todo. Llevamos tu mochila por el camino para que no tengas que cargar con ella. Tenemos un equipo que prepara una rica comida. Y, bueno, ya *me* conoces. Me sé estos senderos mejor que nadie. Mi trabajo es guiarte por la sierra.

—¿De verdad? ¿Cómo pude perderme eso?

ele

Hay cierto cansancio entre nosotros. Estamos cansados de las cargas que llevamos y los retos que enfrentamos. Tenemos preguntas que no podemos responder y problemas que no podemos resolver. Esperábamos que la vida fuera un recorrido que nos diera vigor, una aventura por la sierra. Nunca habíamos planeado cansarnos tan pronto.

Nos cansamos por el camino.

Sin embargo, ¿qué ocurriría si hubiera ayuda? Alguien que caminara contigo y te guiara para aligerar tu carga.

¿Y qué pasaría si esa ayuda fuera enviada desde el cielo? No la de otra persona que, al igual que tú, tiende a que le salgan ampollas y le duelan las piernas. Alguien que es siempre fuerte, que nunca se cansa, que siempre está cerca, que no tiene los problemas que enfrentas tú.

¿Te interesaría algo así?

Guarda las curitas y el sándwich de mantequilla de cacahuate y mermelada. No más ampollas, amigo. Te espera un mejor ascenso.

CAPÍTULO 1

¿El Quién Santo?

Ni siquiera hemos oído si hay Espíritu Santo.
—Hechos 19:2, rvr1960

*Ahora enviaré al Espíritu Santo, tal como prometió mi
Padre; pero quédense aquí en la ciudad hasta que el Espíritu
Santo venga y los llene con poder del cielo.*
—Lucas 24:49

omencé a asistir a una iglesia cuando era joven. Entusiasta y dispuesto a subir la montaña, apenas andaba en mi segunda década de existencia cuando empecé a leer mi Biblia, a memorizar versículos y a hacer mi mejor esfuerzo por obedecer cada mandamiento que oía desde el púlpito. Levanté la mochila de la buena vida cristiana y me dispuse a escalar los elevados picos de la moralidad, la espiritualidad y la devoción.

Decir siempre la verdad.

No decaer en la fe.

Orar más.

Hacer más.

Creer más.

Créeme que lo intentaba. Pero, vaya, ese camino se hizo muy empinado. La presión de mis compañeros, la efervescencia de las hormonas y la culpa conspiraron para convencerme de que nunca lo conseguiría. ¿Puede un chico de quince años sufrir agotamiento espiritual? A mí me pasó.

Quizá conozcas esa sensación.

El fuego en tu interior se está empezando a extinguir. No obstante, ¿dónde está la leña?

No es por no haberla buscado. El Señor sabe que lo has intentado. O al menos esperas que lo sepa. Te inscribiste y defendiste todo lo que sabías que era bueno; sin embargo, ¿por qué sientes ese viento frío en la cara? ¿Por qué ese esfuerzo cuesta arriba? ¿Esos cielos grises? ¿Ese lugar vacío?

Falta algo y sientes como que tu vida se está desvaneciendo.

Gota a gota. Poco a poco. Día a día.

Si este es tu caso, ¿podemos conversar? ¿Podemos comenzar con esto? El Señor lo sabe. Le interesa. Su voluntad no es que vivas sin vida. Él tiene algo —no, mejor dicho, a Alguien— a quien tienes que conocer.

No recuerdo que me hablaran de esa fuente de fortaleza. No culpo a nadie. A fin de cuentas, tenía una Biblia y podía haber buscado en sus páginas. Sin embargo, si me hubieras pedido que te lo explicara, me habría encogido de hombros y te habría dicho: «¿El Quién Santo?».

Preguntemos a la gente: «*¿Quién es Dios el Padre?*», y nos darán una rápida respuesta. O pidamos: «*Describe a Dios el Hijo*». La mayoría no dudará en responder. Pero, si quieres ver a alguien dudar, vacilar e intentar encontrar las palabras, pregunta: «*¿Quién es el Espíritu Santo?*».

Parte del reto se encuentra en los términos. ¿Dios como *Padre*? Entendemos esa imagen.

¿Dios como Jesús, el *Hijo*? Esa idea también es manejable.

¿Pero Dios como *Espíritu*? La palabra en sí misma es mística y misteriosa.

Recuerdo un encuentro temprano con él.[1] Yo estaba terminando mi último año de secundaria cuando ocurrió algo maravilloso en nuestra pequeña ciudad del oeste de Texas. Un evangelista de una región lejana llamada California apareció en un autobús escolar que habían pintado a semejanza de un jardín con flores. Era un converso del Movimiento de Jesús que barrió el país a comienzos de la década de 1970. Tenía el cabello largo hasta los hombros y llevaba pantalones tejanos acampanados. Levantó campamento en el estacionamiento de la escuela y comenzó a predicar sobre Cristo y el poder del Espíritu. En esa temporada, yo había abandonado el empinado camino montañoso de la espiritualidad, y lo único espirituoso que conocía tenía la forma de una botella de licor. El predicador *hippie* invitó a un grupo de jóvenes a asistir a un estudio bíblico en las casas y a aprender más. Así que fui a uno de ellos.

La dirección que me dieron me llevó a una casa móvil en las afueras de la ciudad. No conocía a nadie allí, pero todos eran muy amables. Nos sentamos en el piso, leímos el libro de los Hechos y, por primera vez que recuerde, escuché a alguien describir la obra del Espíritu Santo. Las palabras exactas hace mucho que las olvidé, pero recuerdo la sensación claramente: el Espíritu es un amigo que te da vida y está aquí para guiarte a casa.

> El Espíritu es un amigo que te da vida y está aquí para guiarte a casa.

Cuando oramos, un par de personas lo hicieron en un lenguaje que nunca había escuchado. Me preguntaron si me gustaría orar de la misma manera, a lo cual dije: «Sí». Lo intenté, pero no sucedió nada. Aun así, quedé impresionado. Aquellas personas no parecían estar cansadas del camino, sino vigorizadas. Sus ojos brillaban cuando hablaban del Espíritu.

Uno esperaría que mi historia diera un giro drástico en este punto, quizá un momento como el del camino a Damasco, donde Saulo se convierte en Pablo. Pero no, no hubo ninguna luz brillante en el lugar. No me convertí en un apóstol ni me puse a escribir epístolas. Todo lo contrario. Estaba tan convencido de que no estaba calificado para caminar con el Espíritu, que ni siquiera lo intenté.

A eso le siguieron más años de vivir como un pródigo. La pocilga se convirtió en mi casa y los demás cerdos eran mi tribu. Peor aún, seguía considerándome cristiano, yendo a clubes nocturnos los sábados en la noche y sentándome en un banco de la iglesia los domingos en la mañana. Era el hipócrita que aleja a otros de Cristo.

A mis poco más de veinte años un hombre muy querido, que finalmente se convirtió en un buen amigo, me ayudó a creer que la gracia de Dios era mayor que mi rebeldía. Me arrodillé en el altar de una iglesia, confié en la misericordia del cielo y me dispuse otra vez a recorrer el sendero. El perdón se convirtió en mi mensaje, en la historia de mi vida. Cambié el curso de mi carrera, estudié en el seminario, trabajé en iglesias en Miami y Río de Janeiro, y finalmente me asenté como pastor en San Antonio, Texas.

Fue allí donde otra vez me descarrilé.

Si crees que el camino de la vida cristiana es empinado para un joven, lo es más aún para un ministro. Decidí estudiar mucho, aconsejar sabiamente, resolver problemas, organizar reuniones y satisfacer a cada miembro gruñón. Me armé de valor durante tres o cuatro años, pero en algún punto a mitad de mis treinta y tantos años me quedé sin gasolina. De repente, no podía dormir. ¿Cómo pierde una persona la capacidad de dormir? Me metía en la cama y escuchaba la serena respiración de mi esposa. Me imaginaba a mis tres hijas pequeñas durmiendo en sus camas al otro extremo del pasillo. Pensaba en mis amigos y compañeros de trabajo, cada uno de los cuales dormía plácidamente. Nuestro perro estaba dormido. Nuestro pez también.

¿Y yo? Mi mente estaba acelerada, era un Ferrari en una carrera contrarreloj. Pensaba en miembros a los cuales llamar y en las decisiones por tomar. Más de un domingo en la mañana aparecí delante de la iglesia habiendo dormido muy poco o nada. Estaba desesperado.

¿Fue esa la época en la que encontré al Espíritu Santo? Algo así. Sería más preciso decir que el Espíritu me encontró a mí.

En esas horas de la noche en las que no podía dormir, me levantaba de la cama, bajaba las escaleras y me arrodillaba a orar en el sofá. Era un tipo abatido. No era el pastor Max. No era Max, el líder de la iglesia. Ese tipo con el pijama arrugado era el discípulo Max confundido y agotado.

Mis oraciones eran quejidos. Mi fe era un hilo raído. Ni siquiera podía acumular la energía necesaria para fingirla. Fui franco. Fui sincero con Dios. Resulta que Dios tiene debilidad por la oración sincera.

Poco a poco, comencé a sentir al Espíritu. Él me guio con un toque gentil. Me atrajo con un susurro. ¿Misterioso? Por supuesto. ¿Pero producto de mi imaginación? No. De ningún modo.

Le pedí fortaleza. Me la dio. Le pedí al Espíritu que sanara a los enfermos. Más de una vez lo hizo. Oré por vitalidad y gozo. Ambas cosas regresaron. El largo invierno se convirtió en una acogedora primavera.

Un día, mientras estudiaba para un mensaje, leí las palabras que usó Jesús para describir al Espíritu Santo: *consolador* y *amigo*. Recuerdo que hice ese maravilloso descubrimiento: «Yo conozco a esa Persona».

Eso sucedió hace tres décadas atrás. Ya no pienso en el Espíritu Santo como el Quién Santo. Ahora lo llamo nuestro Ayudante enviado del cielo. Él es el aliado del santo. Es nuestro defensor, nuestro abogado, nuestro guía. Él nos consuela y nos dirige. Habita en nosotros, nos transforma, nos sostiene y algún día nos llevará a nuestro hogar celestial.[2]

Él es quien ejecuta la voluntad de Dios en la tierra hoy, quien está aquí para llenarnos de fortaleza. De fuerza sobrenatural.

¿No fue esa la promesa de Jesús? Él no dejó que sus seguidores comenzaran sus ministerios a menos que conocieran al Espíritu Santo. «No se vayan a ningún otro lado, hasta que reciban el poder que Dios les enviará» (Lucas 24:49, TLA).

A esas alturas, los discípulos habían pasado tres años de entrenamiento. Se habían sentado con él en fogatas, habían caminado con él por las ciudades, habían sido testigos de cómo desaparecían las enfermedades y se iban los demonios. Sabían cuál era su comida favorita, sus bromas y los lugares que frecuentaba. Pero aún no estaban listos. Habían visto la tumba vacía, habían tocado su cuerpo resucitado y habían pasado cuarenta días escuchando al Cristo resucitado enseñar sobre el reino. Sin embargo, necesitaban más.

«Pero recibiréis poder, cuando haya venido sobre vosotros el Espíritu Santo, y me seréis testigos en Jerusalén, en toda Judea, en Samaria, y hasta lo último de la tierra» (Hechos 1:8, RVR1960).

Apúntalo. El Espíritu Santo viene con poder. Poder para tomar buenas decisiones, cumplir promesas, y silenciar las voces interiores de temor y fracaso. Poder para levantarte de la cama, continuar con la vida, ocuparte de las cosas correctas de la forma adecuada. Poder para enfrentar el inesperado e indeseado paso del tiempo. Poder. Eso es lo que prometió Jesús entonces y es lo que sigue prometiendo.

¿Cómo está tu nivel de poder?

Quizá tengas todo el poder que necesitas. Todo marcha muy bien. No te faltan energías, entusiasmo ni fortaleza, nunca. Tu paso es ligero y tu voz parece una canción. Eres una persona gozosa y empoderada, siempre.

Si eso te describe, ¿puedo recomendarte un libro sobre la sinceridad?

Si eso no te describe, piensa en la posibilidad de tener una relación inspiradora con el Espíritu Santo.

No más andar solo en este camino. Se acabó eso de arrastrar un peso que no debes llevar. Es tiempo de que disfrutes de la presencia del Espíritu Santo y experimentes la vida vigorosa que él ofrece.

Tu Biblia tiene más de cien referencias al Espíritu Santo. Jesús habla más sobre el Espíritu que de la iglesia, el matrimonio, la economía y el futuro. ¿Por qué el énfasis en él? Dios no quiere que un montón de hijos estresados, agotados, acabados y desgastados lo representen en el mundo. Él quiere que, cada día y cada hora del día, estemos más frescos.

Dios no quiere que un montón de hijos estresados, agotados, acabados y desgastados lo representen en el mundo. Él quiere que, cada día y cada hora del día, estemos más frescos.

Pero tengamos cuidado. El tema del Espíritu Santo parece sacar a la luz a los extremistas que hay entre nosotros. Por un lado, están los presuntuosos. Son las personas que nos hacen sentir poco espirituales al aparentar ser superespirituales. Son amigos íntimos del Espíritu, tienen permiso para acceder tras escenario, y quieren que todos vean sus dones de sanidad o escuchen su lengua mística. Construyen un ministerio haciendo que otros se sientan menos que piadosos. Les encanta presumir.

En el extremo opuesto están los vigilantes del Espíritu. Estos reprimen todo lo que parezca desalineado o fuera de control. Son vigilantes de pasillo, instituidos por sí mismos, de lo sobrenatural. Si un suceso no se puede explicar, lo desechan.

En algún lugar intermedio está el santo saludable. Él tiene un corazón de niño. Ella tiene en alta estima la Palabra. Él es receptivo a una fortaleza nueva. Ella discierne y es cuidadosa. Ambos, él y ella, buscan seguir al Espíritu. Se aferran con las dos manos a esta decisiva promesa de Jesús: «Pero recibiréis poder, cuando haya venido sobre vosotros el Espíritu Santo» (Hechos 1:8, RVR1960).

¿Deseas conocer mejor al Espíritu Santo y nutrir tu relación con él? Entonces tú y yo estamos en sintonía.

Las Escrituras emplean más de una docena de metáforas para describir la obra del Espíritu. De hecho, es un testimonio de su grandeza que no sea suficiente con una metáfora.

¿Quieres que Jesús te sorprenda? El Espíritu Santo es el mejor *maestro* (Juan 14:26).

¿Te cuesta obedecer los mandamientos de Dios? El Espíritu es el *aliento* de Dios (Juan 3:8).

¿Te parecen débiles tus oraciones? Él es nuestro *intercesor* (Romanos 8:26).

¿No estás seguro de tu salvación? Él es el *sello del cielo* sobre los santos (Efesios 1:13).

El Espíritu es la *paloma*

de la paz que nos calma,

el *dador de dones* que nos

equipa, *el río de agua viva*

que fluye fuera de nosotros

para refrescar al mundo.

El Espíritu es la *paloma de la paz* que nos calma, el *dador de dones* que nos equipa, el *río de agua viva* que fluye hasta nosotros para refrescar al mundo (Mateo 3:16; 1 Corintios 12:1-11; Juan 7:37-39).

La lista es interminable. En las siguientes páginas meditaremos en el asombroso beneficio de la presencia divina. No importa si este es un encuentro fresco o tu primer encuentro. Dios quiere que tengas la fuerza vigorizante del Espíritu Santo.

Hace algún tiempo iba conduciendo cuando me di cuenta de que tenía el tanque de gasolina casi vacío. El indicador decía que tenía combustible para unos quince kilómetros. Vi una gasolinera y me estacioné frente a un surtidor. Puse la manguera en el depósito, introduje mi tarjeta de crédito y comencé a llenarlo. Después me dispuse a hacer todo lo que solemos hacer en esos lugares. Entré en la tienda y compré un refresco. Charlé con la persona del mostrador. Pensé en comprarme un pan con salchicha, pero consideré cuál era su contenido y decidí no hacerlo. Regresé a mi automóvil, limpié el parabrisas y tiré a la basura algunos papeles que había en el interior. Saqué la manguera del depósito, subí al automóvil y, apenas estaba de nuevo en la carretera, bajé la mirada para ver el indicador de gasolina. ¡Estaba vacío!

Me gustaría decir que el surtidor se apagó antes de tiempo. Sin embargo, conociéndome y sabiendo cuál es mi rango de atención, probablemente lo que ocurrió es que se me olvidó apretar el gatillo de la manguera.

Hice todo excepto lo que tenía que hacer.

¿Describe eso tu vida? ¿Se te ha olvidado lo único que tenías que hacer? ¿Has descuidado al Espíritu Santo?

El Espíritu de Dios anhela darte su gran poder. Él te guiará, te enseñará y te dará vigor. Él llevará las cargas que nunca tenías que haber llevado.

Llegarán retos en la vida, pero no tienen que definir tu existencia. Nuestra ayuda fiel está aquí.

CAPÍTULO 2

Ven a mi lado

El Espíritu como maestro

Él os enseñará todas las cosas, y os recordará
todo lo que yo os he dicho.
—Juan 14:26, rvr1960

No recuerdo el nombre del sujeto. ¿Marco? ¿Flavio? ¿Luigi? Era un nombre italiano, porque era italiano. Tenía el típico aspecto mediterráneo: cabello oscuro, piel bronceada y una bonita sonrisa. Vestía pantalones holgados, camisa de seda y mocasines. Un atuendo bastante clásico. Y repito: era italiano.

Estudiaba historia en la universidad y se ganaba la vida haciendo recorridos turísticos por toda Roma. Cuando nuestra familia tuvo la oportunidad de ver la ciudad, un amigo del amigo de otro amigo nos dio su nombre. Él nos preguntó qué queríamos ver. ¿Las catacumbas? ¿El Coliseo? ¿Las estatuas de los césares?

Por supuesto que queríamos ver todo eso, pero el lugar que estaba en lo más alto de mi lista, mi *número uno*, era la Capilla Sixtina.

Se le iluminó la mirada. ¿Conoces ese típico gesto italiano de besarse la punta de los dedos como si se tratara de algo de un gusto exquisito? Él lo hizo y dijo: «La Capilla Sixtina. Los llevaré allí».

Él se sabía todo: la ruta más rápida hasta el Vaticano, las filas más cortas en el Vaticano, los nombres de los guardias del Vaticano.

Hablaba todo el tiempo, todo sobre la Capilla Sixtina. La historia de Miguel Ángel, el andamiaje, y la pintura del techo que cambió para siempre la forma en que vemos el arte occidental.

Caminaba rápido y hablaba más rápido aún. Cuando llegamos, me preguntaba si la capilla estaría a la altura de lo que él había dicho de ella. Y ciertamente fue así. Estiramos el cuello y observamos el techo. Tras unos breves instantes miré hacia él y estaba sonriendo. Estaba emocionado por vernos emocionados. Tenía esa expresión en su rostro que parece indicar: «Te lo dije». Por unos instantes no dijo nada, pero después se me acercó y, con una voz susurrante apropiada para el lugar, me indicó detalles que yo nunca habría observado sin él. Me llevó a las esquinas para que lo viera mejor. Usó términos italianos, pero estaba tan entusiasmado que no le pedí que los tradujera.

Él cambió la forma en que yo miraba la capilla. La había admirado desde lejos. La había apreciado desde la distancia. Pero ese día me emocionó en persona.

¿No sería maravilloso si alguien pudiera hacer con la historia de Jesús lo que este italiano hizo con la capilla?

¡Ojalá tuviéramos a un experto que nos enseñara! Alguien que conozca a Cristo como mi amigo conocía la Capilla Sixtina. Alguien que pueda revelarlo y recordarnos todo acerca de él. Alguien cuya tarea sea provocar en nosotros entusiasmo por nuestro Salvador.

Ese Alguien está vivo. Aunque no recuerdo el nombre del sujeto en Roma, Jesús se aseguró de que todos supiéramos el nombre del Ayudador que dejó al mando. Lo llamó el Paráclito. La palabra aparece solo cinco veces en las Escrituras, y de esas cinco veces Jesús la usó cuatro, y lo hizo la noche antes de su crucifixión.[1]

Y yo le pediré al Padre, y él les dará otro Abogado Defensor [*Paráclito*], quien estará con ustedes para siempre. Me refiero al Espíritu Santo, quien guía a toda la verdad. El mundo no puede recibirlo porque no lo busca ni lo reconoce; pero ustedes sí lo conocen, porque ahora él vive con ustedes y después estará en ustedes [...]

Sin embargo, cuando el Padre envíe al Abogado Defensor [*Paráclito*] como mi representante —es decir, al Espíritu Santo—, él les enseñará todo y les recordará cada cosa que les he dicho [...]

A ustedes yo les enviaré al Abogado Defensor [*Paráclito*], el Espíritu de verdad. Él vendrá del Padre y dará testimonio acerca de mí [...]

En realidad, es mejor para ustedes que me vaya porque, si no me fuera, el Abogado Defensor [*Paráclito*] no vendría. En cambio, si me voy, entonces se lo enviaré a ustedes; y cuando él venga, convencerá al mundo de pecado y de la justicia de Dios y del juicio que viene [...]

Cuando venga el Espíritu de verdad, él los guiará a toda la verdad. Él no hablará por su propia cuenta, sino que les dirá lo que ha oído y les contará lo que sucederá en el futuro. Me glorificará porque les contará todo lo que reciba de mí. (Juan 14:16-17, 26; 15:26; 16:7-8, 13-14)

Hay mucho en estos pasajes que merece nuestra atención.

Veamos la unidad de la Trinidad. El Hijo le pedirá al Padre y el Padre enviará al Espíritu. Hay una feliz cooperación en acción aquí, como si todo el cielo enviara la ayuda en dirección a los discípulos de Jesús.

También tomemos nota del pronombre. Jesús no quiere que pensemos en el Espíritu Santo como si fuera una cosa o algo neutro. El Espíritu es una persona. Y, como tal, el Espíritu tiene intelecto, emociones y voluntad. El Espíritu les habla a las iglesias (Apocalipsis 2:7), intercede por el creyente (Romanos 8:26), guía y ordena a los discípulos (Hechos 8:29; 16:6-7). El Espíritu nombra ancianos (Hechos 20:28), escudriña todo (1 Corintios 2:10), conoce la mente de Dios (1 Corintios 2:11) y nos enseña el contenido del evangelio (1 Corintios 2:13). El Espíritu mora entre los creyentes y dentro de ellos (1 Corintios 3:16; Romanos 8:11;

2 Timoteo 1:14), distribuye los dones espirituales (1 Corintios 12:11) y les da vida a los que creen (2 Corintios 3:6). Él clama desde adentro de nuestro corazón (Gálatas 4:6) y nos dirige por los caminos de Dios (Gálatas 5:18). Nos ayuda en nuestras debilidades (Romanos 8:26), hace que todas las cosas obren para nuestro bien (Romanos 8:28) y fortalece a los creyentes (Efesios 3:16). Se le puede mentir (Hechos 5:3-4), entristecer (Efesios 4:30), insultar (Hebreos 10:29) y blasfemar de Él (Mateo 12:31-32).

Esta lista sorprendería a la mayoría de las personas. Según un estudio, solo cuatro individuos de cada diez creen que el Espíritu es una persona divina. El resto de los encuestados o bien no tienen ninguna opinión o escogen creer que el Espíritu es más una especie de poder que un ser divino que nos empodera y nos enseña.[2] Eso es lamentable. ¿Cómo puede alguien tener una amistad con la electricidad?

> El Espíritu tiene una misión global específica. Su tarea es enseñarnos sobre Jesús.

¿Puedes unirte a mí en una promesa? A partir de ahora, me dispongo a no tratar nunca al Espíritu Santo como si fuera algo impersonal. El Espíritu es una persona y Jesús lo llama Paráclito.

Los traductores ofrecen distintas versiones, aunque a la vez similares, para esta palabra griega: «Consolador» (RVR1960), «Abogado Defensor» (NTV), «Consejero» (PDT). La versión Phillips en inglés interpreta el nombre como «alguien que viene para ponerse a tu lado». Las palabras pueden variar, pero el mensaje central es el mismo. No estamos solos.

Sin embargo, ¿con qué fin? ¿Es el Espíritu Santo simplemente un compañero divino que nos hace compañía? Si es así, con eso bastaría. No obstante, el Espíritu tiene una misión global específica. Su tarea es enseñarnos sobre Jesús.

Él les enseñará todo y les *recordará* cada cosa que les he dicho [...]
A ustedes yo les enviaré al Abogado Defensor, el Espíritu de verdad.
Él vendrá del Padre y *dará testimonio acerca de mí* [...] *convencerá
al mundo* [...] Cuando venga el Espíritu de verdad, *él los guiará a
toda la verdad.* Él no hablará por su propia cuenta, sino que *les
dirá lo que ha oído y les contará lo que sucederá en el futuro.* Me
glorificará porque *les contará todo lo que reciba* de mí. (Juan 14:26;
15:26; 16:8, 13-14, énfasis añadido)

¡Quién lo habría imaginado! La presencia invisible de Dios en la
tierra te invita a entrar en su salón de clases y aprender de él.

El apóstol Pablo se hizo eco de este punto en una de sus cartas.
«Ningún ojo ha visto, ningún oído ha escuchado, ninguna mente ha
imaginado lo que Dios tiene preparado para quienes lo aman. Pero fue
a nosotros a quienes Dios reveló esas cosas por medio de su Espíritu»
(1 Corintios 2:9-10).

Los secularistas buscan respuestas en la filosofía humana y el
conocimiento. Las religiones del mundo miran las enseñanzas de sus
fundadores ya fallecidos: Mahoma, Buda, Confucio. Los cristianos,
sin embargo, se aferran a esta promesa bonita e inescrutable: nuestro
maestro no solo habló, sino que habla. Él enseñó, sí, pero sigue enseñando. Su sabiduría no está confinada a un documento antiguo, sino
que es parte del temario actual de nuestro mentor: el Espíritu Santo.

Como sigue diciendo Pablo:

Pues su Espíritu investiga todo a fondo y nos muestra los secretos
profundos de Dios [...] de manera que podemos conocer las cosas
maravillosas que Dios nos ha regalado. Les decimos estas cosas sin
emplear palabras que provienen de la sabiduría humana. En cambio,
hablamos con palabras que el Espíritu nos da, usando las palabras
del Espíritu para explicar las verdades espirituales [...] Pues, «¿Quién
puede conocer los pensamientos del SEÑOR? ¿Quién sabe lo suficiente

para enseñarle a él?». Pero nosotros entendemos estas cosas porque tenemos la mente de Cristo. (1 Corintios 2:10, 12-13, 16)

No estamos solos con nuestras preguntas. No depende de nosotros resolver los acertijos de nuestra existencia. Tenemos un ayudador, un instructor divino. Él nos ahorrará los callejones sin salida de la confusión y la duda, y lo hace inscribiéndonos en el curso elemental de su universidad: Jesucristo. Vuelve a leer el mensaje del Aposento Alto:

> Sin embargo, cuando el Padre envíe al Abogado Defensor como *mi representante* —es decir, al Espíritu Santo— él les enseñará todo y les recordará *cada cosa que les he dicho* [...] A ustedes yo les enviaré al Abogado Defensor, el Espíritu de verdad. Él vendrá del Padre y *dará testimonio acerca de mí* [...] Cuando venga el Espíritu de verdad, él los guiará a toda la verdad. Él no hablará por su propia cuenta, sino que les dirá lo que ha oído y les contará lo que sucederá en el futuro. *Me glorificará porque les contará todo lo que reciba de mí.* (Juan 14:26; 15:26; 16:13-14, énfasis añadido)

El objetivo principal del Espíritu es escoltarte hasta la Capilla Sixtina de Jesús y ver cómo abres los ojos inmensamente y te quedas boquiabierto. Él te encantará con el pesebre, te empoderará con la cruz, te alentará con la tumba vacía. Te contagiará con su amor por el Salvador.

Él es sumamente apasionado con Jesús.

J. I. Packer lo señala de forma hermosa: «Es como si el Espíritu estuviera detrás de nosotros, alumbrando desde nuestro hombro a Jesús, que está frente a nosotros. El mensaje del Espíritu para nosotros nunca es "Mírame; escúchame; ven a mí; conóceme", sino siempre *"Míralo* y ve su gloria; *escúchalo* y oye sus palabras; ve a *él* y recibe vida; *conócelo*, y prueba el regalo de su gozo y su paz"».[3]

Tenemos un ayudador, un instructor divino. Él nos ahorrará los callejones sin salida de la confusión y la duda, y lo hace inscribiéndonos en el curso elemental de su universidad: Jesucristo.

Como anunció Jesús: «[El Espíritu] me glorificará porque les contará todo lo que reciba de mí» (Juan 16:14).

Un clásico ejemplo de esta verdad implica un encuentro entre dos hombres: Pedro, un judío devoto, y Cornelio, un gentil temeroso de Dios. Se encontraron varios años después de la ascensión de Jesús. Su reunión fue una sorpresa total para Pedro. Los judíos no tenían nada que ver con los gentiles, especialmente los que trabajaban en el ejército romano. Cornelio era una persona ajena. Él no citaba la Torá ni era descendiente de Abraham. Usaba toga y tenía jamón en la nevera. Incircunciso, no andaba conforme a la ley judía, impuro. Míralo.

Sin embargo, vuelve a mirarlo. Era alguien amable y devoto, «piadoso y temeroso de Dios con toda su casa, y que hacía muchas limosnas al pueblo, y oraba a Dios siempre» (Hechos 10:2, RVR1960). El ángel incluso lo llamó por su nombre. Le dijo que encontrara a Pedro, el cual se estaba quedando a cincuenta kilómetros en la ciudad costera de Jope. Cornelio envió tres mensajeros a buscar a Pedro. Sin embargo, Pedro se resistía.

Pero, entonces, «le dijo el Espíritu: He aquí, tres hombres te buscan. Levántate, pues, y desciende y no dudes de ir con ellos, porque yo los he enviado» (Hechos 10:19-20, RVR1960).

El Espíritu abrió la puerta del evangelio para dar la bienvenida no solo a los judíos, sino también a todo el mundo.

Pedro ya sabía que Jesús amaba a los no judíos. Había pasado tres años siguiendo a Cristo. Sin embargo, necesitó un recordatorio. El Espíritu se lo dio. «Él os enseñará todas las cosas, y os recordará todo lo que yo os he dicho» (Juan 14:26, RVR1960). La frase «os recordará» puede significar «hará que sea contemporáneo».[4] El Espíritu hace algo más que repetir las palabras de Jesús; hace que sean relevantes. Él despliega su significado para el mundo en el que vivimos.

Recuerdo un mediodía al principio de mi ministerio cuando la invitación de Jesús al cansado se convirtió en la invitación de Jesús a Max. Se supone que yo debía estar estudiando, pero no me podía concentrar. Estaba en medio del cansancio que describí en el capítulo anterior, batallando con el insomnio, con una docena de inseguridades y fechas que cumplir. Tenía la impresión de que debía arreglar los problemas de todo el mundo, llevar las cargas de todos y no cansarme nunca. Tras algunos momentos, me cambié de la silla de mi oficina a la que uso para los invitados. Incliné mi cabeza y suspiré. Cuando lo hice, surgió en mi mente este versículo: «Vengan a mí todos los que están cansados y llevan cargas pesadas, y yo les daré descanso» (Mateo 11:28).

Fue el pronombre *mí* lo que captó mi atención. Había estado acudiendo a todos y a todo menos a él. Las palabras de Jesús pasaron de ser tinta en una página a ser un bálsamo para mi alma.

¿Por qué me vino a la mente ese versículo? Fácil. El Espíritu Santo, mi maestro, me lo recordó. El Espíritu de Cristo hará lo mismo contigo, amigo.

Y cuando el Espíritu susurra en nuestro oído [...] y nos hace conscientes de que Jesús es real y su invitación también es real, entonces está cumpliendo un ministerio mayor, un ministerio de *casamentero*, mediante el que nos insta, nos atrae, nos inclina, nos mueve a que abracemos al Señor Jesús, a que digamos sí a su invitación, a que vayamos a él y por la fe le hagamos nuestro propio Salvador, nuestro propio Señor, nuestro propio amigo y nuestro propio rey.[5]

¿No te parecen buenas noticias? El Espíritu, la Persona presente en la creación, el que estuvo activo en la encarnación, la fuerza motora de la resurrección, la mano poderosa en la revelación final, es tu tutor. Él te revelará cosas nuevas y maravillosas.

El otro día llegué a casa y me encontré a mi esposa, Denalyn, en el piso jugando con nuestros dos nietos. Había comprado media docena de cochecitos de colores brillantes. Mientras entraba, ella los estaba sacando de la bolsa. Rose y Max estaban como locos. Eso es lo que uno esperaría de dos niños de cuatro y veinte meses de edad. Rose sabía lo que debía hacer. Ella los reconoció como cochecitos que andaban solos. Tomó uno y lo rodó hacia atrás y hacia adelante hasta que el cochecito tuvo la suficiente cuerda acumulada para rodar por el piso.

Max, sin embargo, nunca los había visto. La idea era nueva para él. Denalyn estaba emocionada por poder emocionar a nuestro nieto. Ella estaba en el piso de mosaico, enseñando a Max a rodar el cochecito hacia adelante y hacia atrás hasta que estuviera listo para ser lanzado. Cuando salió disparado hacia adelante, cómo se rio Max. Y cuando él se reía, Denalyn se reía dos veces más fuerte. Le emocionaba mucho verlo emocionado.

El Paráclito quiere hacer lo mismo contigo. Él será la Denalyn de tu mundo. La pregunta es: ¿querrás ser un pequeño Max para el mundo de él? Mi nieto modeló la actitud que necesitamos: un espíritu infantil, con hambre de que le enseñen, dispuesto a ser guiado. La humildad es el terreno en el que puede crecer el fruto del Espíritu.

> La humildad es el terreno en el que puede crecer el fruto del Espíritu.

Invítalo a tu mundo. Deja que tu día comience con estas palabras: «¡Bienvenido, Espíritu Santo!». Que tu meta sea caminar en el Espíritu invitándolo a los detalles de cada día. «Si el Espíritu nos da vida, andemos guiados por el Espíritu» (Gálatas 5:25, NVI). Que esta oración venga rápido a tu mente: «En este momento, ¿qué me estás enseñando?». «¿Cómo puedo responder a este desafío, Señor?». «Dirígeme, por favor. ¿Por qué camino debo ir?». Haz una pausa y escucha. Mantén un oído inclinado hacia el Espíritu.

Una vez participé en una excursión de golf con un *caddie*. Fue maravilloso. Mi *caddie* no solo llevaba mi bolsa, se ofreció a decirme cómo jugar. Mientras caminábamos por el primer tramo del campo, dijo:

—Te enseñaré dónde golpear la bola y qué palo usar.

—¿Cómo sabes eso? —le pregunté.

—He sido *caddie* aquí por más de veinte años.

Me detuve, giré y lo miré.

—¿Veinte años? ¿Cuántas rondas de golf es eso?

Él alzó su vista al cielo como si estuviera calculando.

—Unas diez mil.

¡Diez mil! Se conocía por nombre cada brizna de hierba. Había experimentado cada giro del *green* y cada camino de la colina. Le pregunté:

—¿Hay algo en este recorrido que no conozcas?

—No. Puedo jugar aquí a oscuras.

Por lo tanto, lo bombardeé con preguntas. ¿A qué distancia debería golpear esta bola? Él me lo dijo. ¿Este golpe corto rodará mucho? Él me lo dijo. ¿Debería dejar el golf y probar con los bolos? Él me lo dijo. Me lo dijo porque le pregunté. No haberlo consultado hubiera sido algo necio por mi parte.

No consultar al Espíritu de Dios sería lo mismo. Él está aquí para enseñarnos. Nuestro privilegio es mantenernos en una comunión consciente con él. Día a día. Momento a momento.

Síguelo hasta la Capilla Sixtina de Jesucristo. Escucha cuando el instructor divino te susurre maravillas al oído. Ten por seguro que, mientras sonríes, el Espíritu sonríe contigo. A fin de cuentas, él es tu maestro.

CAPÍTULO 3

Iza tu vela

El Espíritu como viento

Pero envías tu espíritu y todo en la tierra cobra nueva vida.
—Salmos 104:30, TLA

No es por el poder ni por la fuerza, sino por mi Espíritu,
dice el Señor de los Ejércitos Celestiales.
—Zacarías 4:6

Katie Spotz y Laura Dekker tienen mucho en común. Ambas son atletas de resistencia. Ambas tienen barcas. Ambas ocupan los titulares cuando terminan viajes en solitario, Katie cruzando el Atlántico y Laura alrededor del mundo. Sin embargo, aunque tienen muchas cosas en común, también existe una gran diferencia. Una remaba; la otra navegaba.

Katie, con veintitrés años, remó, remó y remó en su barca desde África occidental hasta Sudamérica. Su viaje de 4.533 kilómetros necesitó setenta días, cinco horas y veintidós minutos. Su barca de madera amarilla, de casi seis metros, fue construida para soportar huracanes y olas de quince metros. No tuvo que enfrentarse a huracanes. Sin embargo, las olas la mantenían despierta en la noche. Cargó medio millón de calorías en comida liofilizada, granola y frutos secos. Remaba entre ocho y diez horas al día, y tuvo que soportar dolorosas callosidades.[1]

Laura Dekker, por el contrario, aprovechaba la fuerza del viento. En 2012 se convirtió en la persona más joven en circunvalar el globo terráqueo sola. Usó un barco de vela de dos mástiles de doce metros llamado *Guppy*. El viaje no careció de desafíos. Un tribunal en los Países Bajos, su país natal, intentó impedirlo. Una vez en el mar, tuvo que esquivar arrecifes y sobrevivir a numerosas tormentas; su viaje exigió un año y cinco meses. Pero lo consiguió.[2]

Yo no pretendo seguir sus ejemplos. ¿Interminables días a solas a mar abierto? Preferiría una endodoncia sin analgésicos. Sin embargo, si me viera forzado a escoger entre remar y navegar, sé lo que preferiría.

¿Sabes lo que preferirías tú?

Espiritualmente hablando, ¿qué describe mejor tu embarcación? ¿Un bote de remos o un velero?

La pregunta es importante. Encontramos fuertes vientos. Esto es lo que Dios nos dice que hagamos:

Cuidar de los pobres.

Consolar a los confundidos.

Decir la verdad.

Perdonar a los patanes.

Orar sin cesar.

Servir desinteresadamente.

Perseguir la moralidad.

Somos llamados a ser...

buenos administradores del dinero,

buenos cónyuges con nuestras parejas,

buenos miembros de nuestra sociedad,

buenos cuidadores del entorno, y

buenos empleados en nuestro lugar de trabajo.

Dios nos desafía a...

encontrar nuestros dones y usarlos,

encontrar a los perdidos y alcanzarlos,

encontrar a los hijos pródigos y bendecirlos,

encontrar a los confundidos y aconsejarlos, y

controlar nuestro estado de ánimo, nuestra lujuria, avaricia,
arrogancia, lengua, pereza, apetitos y malas actitudes.

¿Ya estás cansado? Tardaremos menos en vaciar el océano con un dedal que en cumplir estas tareas. ¿Cambiar al mundo? ¿Cómo? ¡La mayoría de los días no podemos cambiarnos ni a nosotros mismos!

Un amigo habla del día en que su hijo de diez años se fugó de casa. Tras estar fuera todo el día, el niño caminaba por el acceso a su casa con la cabeza agachada. «Hijo», le preguntó el padre, «¿qué has aprendido hoy?». El niño respondió: «He aprendido que a cada sitio al que voy, llevo a mí mismo conmigo».[3] ¿No nos pasa eso mismo a todos?

Llevamos nuestra avaricia, nuestro egoísmo, nuestras heridas e imperfecciones. No nos atrevemos a pensar por un instante que tenemos el poder de ser la persona que Dios quiere que seamos, pero tampoco nos atrevemos a pensar que Dios no nos lo concederá. Él nos capacita para que seamos lo que nos ha llamado a ser. Esta fue la promesa que Jesús le hizo a cierto líder religioso que acudió a visitarlo de noche.

«Había un hombre llamado Nicodemo, un líder religioso judío, de los fariseos» (Juan 3:1). Había solo seis mil fariseos en Israel. Nicodemo era uno de ellos. Había solo setenta clérigos en el alto consejo; él era uno de ellos. Jesús incluso lo llamó «respetado maestro judío» (v. 10), dando a entender que tenía un estatus especial. Nicodemo era tan religioso como una Convención Bautista del Sur.

«Una noche, fue a hablar con Jesús:

—Rabí —le dijo—, todos sabemos que Dios te ha enviado para enseñarnos. Las señales milagrosas que haces son la prueba de que Dios está contigo» (v. 2).

Él tuvo cuidado y tacto. Cuidado al acudir de noche, para no ser visto conversando con el rabino advenedizo. Tacto al elogiar, para no dejar de causar una buena primera impresión. Jesús, sin embargo, no tuvo ni cuidado ni tacto. Fue contundente. Aunque Nicodemo no hizo ninguna pregunta, Jesús le dio una respuesta. «Jesús le respondió:

—Te digo la verdad, a menos que nazcas de nuevo, no puedes ver el reino de Dios» (v. 3).

Recuerda que Jesús estaba hablándole a cierto tipo de obispo. Si la religión fuera una institución académica, Nicodemo tendría una pared llena de diplomas. A Jesús no lo impresionaban los títulos, por lo que le dijo a Nicodemo: «Tienes que nacer de nuevo», como diciéndole: «Regresa al inicio y empieza de nuevo».

Un poco radical para alguien tan finamente vestido como Nicodemo. El fariseo no se lo esperaba y preguntó: «¿Cómo puede un hombre mayor volver al vientre de su madre y nacer de nuevo?» (v. 4).

Nicodemo habló muy poco en esta breve conversación. En sus pocas frases, usó varias veces el verbo *poder* (NVI):

«Nadie podría...» (v. 2).

«¿Cómo puede...?» (v. 4).

«¿Acaso puede...?» (v. 4).

Su última pregunta aparece en el versículo 9 otra vez con la palabra *poder* implícita: «¿Cómo es *posible* que esto suceda?».

Nicodemo estaba obsesionado con lo que una persona puede y no puede hacer. Estaba enfocado totalmente en los esfuerzos humanos, el coraje humano, el logro humano. Según su punto de vista, la puerta al cielo estaba engrasada con mucho esfuerzo.

Jesús, por el contrario, hizo varias referencias a la *in*capacidad humana. Sin la ayuda del cielo, nosotros...

1. no podemos ver (es decir, experimentar) el reino de Dios (v. 3),

2. no podemos entrar en el reino de Dios (v. 5),

3. no podemos reproducir al Espíritu (v. 6), y
4. no podemos discernir el mover del Espíritu (v. 8).

Esta es la típica conversación. En un lado Nicodemo, representando a toda persona bien intencionada, temerosa de Dios, que va con su Biblia, vive por la ley, paga impuestos, da sus diezmos, ilumina, se sienta en la iglesia, memoriza versículos y rema en el bote. En el otro lado, Jesucristo.

Y lo que el segundo le dice al primero es tan *asombroso* que genera olas impactantes por los bancos de la iglesia y las sinagogas hasta el día de hoy. «Te digo la verdad, nadie puede entrar en el reino de Dios si no nace de agua y del Espíritu. El ser humano solo puede reproducir la vida humana, pero la vida espiritual nace del Espíritu Santo» (3:5-6).

La frase «reino de Dios» se refiere a una relación con Dios en esta vida y la entrada al cielo en la siguiente. ¡Esto es de alto riesgo! ¿Cómo recibimos la ciudadanía? Naciendo de nuevo.

En nuestro primer nacimiento, nos convertimos en nuevos humanos. En nuestro segundo nacimiento, nos convertimos en nuevas criaturas. ¿Y quién supervisa nuestro segundo nacimiento? ¡El Espíritu Santo![4] Sin ninguna duda, si no fuera por la obra del Espíritu, ¡el nuevo nacimiento sería imposible! «Ni nadie puede decir: "Jesús es el Señor" sino por el Espíritu Santo» (1 Corintios 12:3, NVI).

Si a Nicodemo le estaba costando trabajo seguir los comentarios de Jesús no se lo podemos reprochar. Apenas dijo «Buenas noches» y Jesús, ametrallándolo, le habló sobre un nuevo reino, un nuevo nacimiento y el poder para experimentar ambos. Pero Jesús solo estaba calentando motores.

«El viento sopla hacia donde quiere. De la misma manera que oyes el viento pero no sabes de dónde viene ni adónde va, tampoco puedes explicar cómo las personas nacen del Espíritu» (Juan 3:8). Cuando llegó la hora de describir al Espíritu Santo, Jesús tenía un universo de metáforas a su disposición. Cometas, galaxias, profundidades del océano, ballenas beluga. Y, de todo el vocabulario, escogió esta imagen para dársela a Nicodemo: viento. Es fácil ver por qué.

El Espíritu, al igual que el viento, es una fuerza invisible.

El teólogo alemán Abraham Kuyper dedicó años y más de mil páginas al estudio del Espíritu Santo. El primer capítulo de su libro se titula «Es necesario un trato cuidadoso» y contiene este párrafo:

> De él no aparece nada en forma visible; él nunca sale del vacío intangible. Rondando, indefinido, incomprensible, se mantiene como un misterio. ¡Él es como el viento! Oímos su sonido, pero no podemos saber si viene o si va. El ojo no lo puede ver, ni lo puede escuchar el oído, mucho menos puede manejarlo la mano.[5]

El Espíritu es totalmente santo y distinto a cualquier ser de nuestro mundo.

¡Lo cual es una buena noticia! Necesitamos ayuda de afuera, una fuente de poder a la que no le sacuda lo que nos sacude a nosotros, que no le moleste lo que a nosotros nos molesta, que no le ate lo que a nosotros nos ata. El Espíritu no está sujeto a patrones meteorológicos, cuerpos que envejecen, pandemias, cambios en los mercados de valores o dictadores. Él nunca ha estado enfermo, nunca tendrá miedo, no se preocupa, batalla o se esfuerza. Él es el Espíritu Santo, marcado por el misterio y caracterizado por la majestad.

«El viento sopla hacia donde quiere...» (v. 8).

De la misma manera, el Espíritu Santo no responde a ningún gobierno u organización. No tiene que presentar reportes a ningún presidente, sacerdote o pastor. Él sopla hacia donde quiere. Es suficientemente poderoso para limpiar un camino. Él puede derribar murallas de prejuicio y someter al corazón más terco. No obstante, es a la vez gentil. Tan delicado como para apenas hacer crujir una hoja. Un viento recio en Pentecostés. Una voz calmada y suave en el monte Horeb.

El Espíritu es como el viento. Si Jesús se hubiera detenido con este comentario, Nicodemo habría tenido mucho en lo que pensar. Sin embargo, Jesús siguió estirando la imaginación de Nico, de Max y de todas las personas que han intentado extraer las gemas que siguen.

«Tampoco puedes explicar cómo las personas nacen del Espíritu» (v. 8).

Lo que nace de un vegetal es un vegetal. Lo que nace de un perro es un perro. Lo que nace de un pez es un pez. Y lo que nace del Espíritu es Espíritu. Eso significa que tenemos su viento, su poder invisible, dentro de nosotros. Albergamos el misterio y la majestad de Dios.

Lo que nosotros no podemos hacer, él sí puede lograrlo. Detente y piensa en algo que te cueste hacer. ¿Qué subida empinada te está dejando sin aliento? ¿Perdonar a un enemigo? ¿Resolver un problema? ¿Romper un hábito? ¿No puedes hacerlo? El Espíritu sí puede. Tienes la fuerza del viento del cielo dentro de ti.

Me considero un tanto experto en la fuerza del viento. Fui criado en una región ventosa. Los vientos de primavera alcanzan una media de diecinueve kilómetros por hora en mi ciudad natal. (Hay una broma que se cuenta muy a menudo sobre un ranchero del oeste de Texas que regresó de un viaje a la ciudad de Nueva York con la nariz hinchada. Estaba tan acostumbrado a inclinarse hacia adelante por el viento, que cuando no había viento, no dejaba de caerse de boca).

Algún empresario emprendedor pensó que se le podía sacar partido económico a este viento. Montó una empresa de renta de veleros en la costa del lago de la ciudad. Los veleros tenían la longitud de una tabla de surf con un solo mástil y una vela. Mi amigo James y yo estuvimos entre los primeros clientes. Ninguno de nosotros sabía navegar, te advierto. El oeste de Texas genera viento, no marineros.

Nos subimos a bordo y partimos. ¿O partimos y luego nos subimos a bordo? En cualquiera de los casos, nos adentramos en el lago y disfrutamos de la vida en alta mar por unos agradables momentos.

Pero nuestro ímpetu cesó. Miré a James y James me miró a mí, y nos encogimos de hombros. No teníamos ni idea de cómo desatar el mástil o izar la vela; por lo tanto, hicimos lo único que sabíamos hacer. Saltamos al agua, nos situamos detrás del velero y nos pusimos manos a la obra.

La imagen de dos adolescentes inexpertos pataleando hasta el puerto podría servir como el reflejo de muchos cristianos con buenas intenciones. Empleamos toda nuestra energía impulsándonos hasta la orilla.

Jesús nos invita a izar la vela.

El cristianismo tipo barca de remos agota y frustra. Quienes lo intentan, se quedan agotados y desesperados en el intento. Quienes dejan que el Espíritu haga el trabajo, por el contrario, encuentran un nuevo poder. La vida tiene muchas tormentas. Las aguas están revueltas, pero ellos no tienen que afrontar la furia por sí mismos.

Nicodemo estaba anclado en la palaba *puede*. El cristiano está anclado en la palabra *hecho*. La obra de salvación está hecha. Dios ayuda a los que admiten que no se pueden ayudar a sí mismos.

¿Te describe eso a ti? Te animo, si aún no lo has hecho, a que creas en aquel a quien Dios ha enviado. Confía en Jesús para que haga la obra que solo él puede hacer. Deja que el Espíritu Santo despierte en tu interior un nuevo espíritu, una nueva creación. No más ceremonia. No más resoplar. Se acabó la interminable lista de deberes y prohibiciones, y el insensible pensamiento de que a pesar de haber hecho mucho, no has hecho lo suficiente. Se acabó el acudir a Cristo en la oscuridad de la noche con temor.

¡Acude a él a la luz de un nuevo día! Con el poder de un nuevo tú.

Hace unas noches, nuestro vecindario experimentó un corte de electricidad. No era escasez de luz, te advierto, sino un corte de luz. Se cortó la electricidad. El cable entre el generador y las residencias se rompió. No había electricidad. Nada. Cero. Si hubiera venido a nuestra casa un lector de contadores, no habría detectado actividad alguna en el contador.

Las lámparas, apagadas. El televisor, apagado. El aire acondicionado, apagado. El microondas no funcionaba. El refrigerador iba de camino a convertirse en un horno. Los ventiladores del techo detenidos. Denalyn y yo, en un instante, pasamos de estar en una sala llena de luz a estar en una cueva silenciosa y oscura.

Por dicha, supimos exactamente qué hacer. Personas más jóvenes e inexpertas quizá se hubieran desconcertado, aturdido o habrían tenido miedo. Pero no fue el caso con mi señora y yo. Teníamos experiencia suficiente como para saber cómo reaccionar y pasamos a la acción.

Denalyn supervisó los ventiladores de techo. Tomó una escalera y, con la ayuda de una linterna, comenzó a hacer girar las aspas. Hizo girar el ventilador con todas sus fuerzas. «¿Sientes el aire?», me preguntó entre resoplidos.

«Todavía no, cariño. Sigue girándolo. Enseguida enfriarás la casa». Yo necesitaba que tuviera éxito, pues ya estaba sudando lo suficiente con el interruptor de la luz. Pensando que podía generar electricidad con la actividad, subía y bajaba los interruptores, arriba y abajo, arriba y abajo. No hubo suerte, pero no me desanimaba.

Me coloqué delante del televisor y puse en marcha la segunda misión: activarlo a gritos. «¡Vamos! ¡Funciona! ¡Haz tu trabajo! Queremos ver algo de color, oír algunas voces, ver los programas».

La falta de respuesta solo me animó más. Me di cuenta de que podía subir y bajar los interruptores y gritarle al televisor a la vez. Así que regresé corriendo a la zona de interruptores, golpeándome en la pierna con la mesa del café en el proceso, y reajusté mi muñeca y proseguí con mis gritos.

En definitiva, la sala era un hervidero de actividad.

Denalyn girando el ventilador.

Max subiendo y bajando los interruptores.

Max gritándole al televisor.

Cuando vimos que la electricidad no regresaba, seguimos activos. Deberías habernos visto. Te hubiera impresionado.

¿Qué? ¿No te impresiona? ¿Qué hicimos mal? Dilo de nuevo. ¿El frenesí no es ninguna fuente de energía?

Me alegra mucho oírte decir esas palabras. Ese fue el mensaje de Jesús para Nicodemo. Ese es el mensaje de Jesús para nosotros. No podemos cumplir nuestra misión por nosotros mismos. No tenemos la fuerza, la resolución ni el poder, pero el Espíritu sí. Así que confía en él. Iza la vela, respira y disfruta del viaje.

CAPÍTULO 4

Gemidos del corazón

El Espíritu como intercesor

*Además, el Espíritu Santo [...] ora por nosotros con
gemidos que no pueden expresarse con palabras.*
—ROMANOS 8:26

*Ahora mismo tengo en los cielos un testigo; en lo alto
se encuentra mi abogado. Mi intercesor es mi amigo, y
ante él me deshago en lágrimas para que interceda ante
Dios en favor mío, como quien apela por su amigo.*
—JOB 16:19-21, NVI

Un virus microscópico nos ha paralizado. Mientras escribo estas palabras, el COVID-19 ha mermado la economía, se ha aprovechado de la ansiedad global y ha matado a multitudes de personas. Es un tsunami de temor. Cuando comencé a escribir este libro, frases como «confinamiento», «distancia social» y «aplanar la curva» no se escuchaban. Ahora forman parte de la jerga común. Las mascarillas cubren nuestros rostros, el temor rodea nuestro corazón, y el pavor a una inhalación fatal ha cerrado nuestras puertas.

Cuando leas estas palabras, pido a Dios que la pandemia ya haya pasado. Si lo ha hecho, que esta observación se incluya en los libros de historia: no sabíamos cómo orar.

Sé que eso es cierto porque creé una página de oración virtual. Cada día ponía un mensaje de esperanza en línea y esta invitación abierta: «Deja tus oraciones y oraremos por ti». La página se inundó de peticiones. Desde Connecticut hasta Camboya llegaron cientos de miles de frases como las siguientes:

«Oren para que encuentre algún trabajo».

«Oren para que me lleve bien con mi familia».

«Pídanle a Dios que me ayude a dormir».

«Estoy solo. Oren para que alguien me llame».

Pero la petición más común fue la más sincera.

«No sé qué pedir. Tan solo oren por mí».

«Me faltan las palabras. ¿Pueden mencionar mi nombre?».

«Intento orar, pero no puedo. La mayoría del tiempo solo me pongo a llorar».

«Yo oraría, pero las necesidades son demasiado grandes como para encontrar las palabras».

«Lo único que puedo hacer es suspirar».

Los gemidos del corazón. Tú los has escuchado. Tú los has expresado. Son la lengua vernácula del dolor, el lenguaje escogido de la desesperación. Cuando no hay palabras, esos gemidos son las palabras. Cuando las oraciones no llegan, los gemidos tendrán que bastar. En días más soleados se escuchan peticiones bonitas y poéticas, pero las épocas tormentosas generan sonidos apenados de tristeza, temor y pavor.

Sin embargo, estas crudas peticiones encuentran su camino hasta la presencia de Dios el Padre. ¿Cómo podemos estar seguros? Porque quedan al cuidado del Espíritu Santo.

Sabemos que toda la creación todavía gime a una, como si tuviera dolores de parto. Y no solo ella, sino también nosotros mismos, que tenemos las primicias del Espíritu, gemimos interiormente, mientras aguardamos nuestra adopción como hijos, es decir, la redención de nuestro cuerpo [...] Así mismo, en nuestra debilidad el Espíritu acude a ayudarnos. No sabemos qué pedir, pero el Espíritu mismo intercede por nosotros con gemidos que no pueden expresarse con palabras.

Y Dios, que examina los corazones, sabe cuál es la intención del Espíritu, porque el Espíritu intercede por los creyentes conforme a la voluntad de Dios. (Romanos 8:22-23, 26-27, NVI)

Pocos pasajes revelan el tierno corazón del Espíritu Santo tanto como este. Estamos acostumbrados a sus poderosas obras. Fuego que cae sobre Pedro. Puertas que se abren para Pablo. Por el Espíritu, Ezequiel vio resucitar a unos huesos secos y Moisés fue testigo de cómo se separaban las aguas del mar Rojo. Sin embargo, esto tiene la misma importancia: el Espíritu revisa y traduce las oraciones incoherentes de los débiles hasta que se escuchan en el tribunal del cielo.

Nosotros, «que tenemos las primicias del Espíritu, gemimos interiormente» (v. 23). La presencia del Espíritu no garantiza la ausencia de dolor. El dolor es parte de cada día y ese dolor conduce a un sentimiento de debilidad. El término escogido por Pablo para «debilidad» aparece en otros lugares en sus epístolas en referencia a la aflicción física. Menciona su propia aflicción (Gálatas 4:13), así como la enfermedad de Timoteo (1 Timoteo 5:23). La enfermedad, según parece, estaba en la primera línea del pensamiento de Pablo.

La enfermedad extrae nuestra energía. Recuerdo un episodio de fibrilación auricular que me dejó luchando con un palpitar rápido del corazón durante varios meses. Esa situación drenó mis fuerzas y envejeció mi piel. Los doctores estaban perplejos y yo estaba desanimado. Entraba en nuestro santuario y me arrodillaba en un altar de oración, y hacía oraciones sin adorno alguno.

Mi debilidad no era nada comparada con algunas de las tuyas. Cuando el cáncer te roba el vigor de la juventud. Cuando la esclerosis múltiple se apropia del aliento de la vida. Cuando la artritis reumatoide anquilosa nuestras articulaciones. En esos tiempos, nuestras oraciones se convierten en gemidos.

Quizá tu debilidad emerge de una fuente distinta. Estás débil por un matrimonio que se derrumba. Débil por un fracaso empresarial.

Débil por el rechazo de un ser querido. Débil por el desempleo. Es en esos momentos cuando es demasiado difícil para la mente expresar una oración. Somos como Isaías, que confesó:

En mi delirio, gorjeaba como una golondrina o una grulla, y después gemía como una paloma torcaza. (Isaías 38:14)

O el salmista que escribió:

Me siento débil, completamente deshecho; mi corazón gime angustiado. Ante ti, Señor, están todos mis deseos; no te son un secreto mis anhelos. (Salmos 38:8-9, NVI)

A menudo existe una brecha entre lo que queremos de la vida y lo que obtenemos de ella. Y durante esos tiempos de debilidad, «qué hemos de pedir como conviene, no lo sabemos» (Romanos 8:26, RVR1960).

Gracias, Pablo, por esta sincera admisión. Si tú, el apóstol y autor de la mayoría de las epístolas, no sabías siempre cómo formular una oración, cobramos ánimo, porque hay veces en las que nosotros tampoco sabemos.

¿Qué debería pedir el paciente de cáncer? ¿Sanidad o libertad para ir al cielo?

¿Por qué debería orar el padre del hijo pródigo? ¿Por la paciencia de Dios con su hijo? ¿O por una pocilga para su hijo?

¿Qué debería pedir el prisionero perseguido? ¿Libertad de la cautividad? ¿O resistencia en la cautividad?

No sabemos cómo orar como conviene. ¿Qué tal si nuestras oraciones son demasiado difusas como para merecer una audiencia con Dios? ¿Y si él nos rechaza? Otros oran con valentía, decisión y seguridad. Leemos de oraciones que abrieron las puertas de la cárcel para Pedro y sanaron a los enfermos para Pablo. Sin embargo, nosotros apenas si podemos pronunciar un «Padre nuestro». ¿Escucha el cielo las oraciones debilitadas de un alma cansada?

Gracias a nuestro ayudador celestial, la respuesta es sí. «El Espíritu mismo intercede por nosotros» (v. 26, NVI).

Interceder simplemente es ponerse en medio. Cuando una persona fuerte toma la causa de una débil, se produce una intercesión.

Mi esposa y yo experimentamos una intercesión en 1983. Cuando Denalyn y yo nos mudamos a Río de Janeiro, en Brasil, éramos los gringos más despistados. Apenas hablábamos portugués. Nunca habíamos vivido fuera del país. Habíamos leído libros sobre la adaptación a otra cultura, pero ningún libro te prepara para el momento de bajarte del avión sin tener un boleto de regreso.

Nuestro ajuste fue particularmente difícil porque nuestras posesiones se quedaron en la aduana. Teníamos un contenedor lleno de muebles, fotografías familiares, cubertería, libros, plantas y sartenes, pero no podíamos acceder a ellos. Nuestro apartamento estaba vacío. El contenedor estaba lleno. Lo único que necesitábamos era que el oficial de la aduana nos dejara acceder a él.

Por varias semanas hice viajes periódicos a la oficina de la aduana. En mi escaso portugués le pregunté al oficial si podía recuperar mi contenedor. «No, señor». Su explicación incluía palabras como *demora, necesita aprobación, regrese mañana*. No entendía cuál era el problema, ni entendía el idioma lo suficiente para poder explicarme. Estábamos en un callejón sin salida.

Imagina el temor que sentía cuando regresaba cada día para decirle a Denalyn: «No puedo conseguirlo».

Y ahí entra Quenho, nuestro vecino de al lado. Literalmente, él y su esposa entraron a nuestro apartamento y se presentaron. No teníamos nada sobre lo que pudieran sentarse, así que estuvimos de pie mientras nos tomábamos un café. Les expliqué mi aprieto.

Quenho comenzó a sonreír. «Yo te ayudaré», dijo. «Soy abogado».

Le dije que llevaba un mes intentándolo.

Él no se inmutó. «Yo me encargo».

Y vaya si se encargó. Entramos en la oficina de la aduana y Quenho se acercó al mismo oficial que me había rechazado una y otra vez. Momentos después, los dos hombres estaban riendo. Quenho me señaló y me indicó que me acercara. Puso su brazo alrededor de mi hombro y le dijo algo al oficial en cuanto a que era mi vecino. Quizá hubo un intercambio de algo de dinero, no estoy seguro. Lo único que sé es que funcionó. Liberaron el contenedor. Nuestros muebles llegaron a casa y mi esposa se puso muy, muy contenta.

Quenho tenía todo lo que yo no poseía. Entendía la cultura. Conocía el idioma. Sabía interpretar la ley. Percibió el problema. Sabía cómo persuadir al oficial aduanero y, por fortuna para nosotros, decidió hablar a nuestro favor.

Fue nuestro abogado.

Este es el papel del Espíritu Santo. En esos momentos en los que nada funciona, ten por seguro que tienes al Espíritu de Dios como tu abogado. «Incluso si las personas no pueden hacer nada más que suspirar por la redención, y después quedarse mudos incluso mientras suspiran, el Espíritu de Dios ya suspira dentro de ellos e intercede por ellos».[1]

> En esos momentos en los que nada funciona, ten por seguro que tienes al Espíritu de Dios como tu abogado.

No sabemos orar como conviene, pero el Espíritu sí. ¡Y vaya si lo hace! A diferencia del oficial aduanero, tu Padre está más que dispuesto a derramar bendiciones en abundancia. Tienes al Espíritu como tu abogado y a tu Padre como tu proveedor. Quizá te sientes débil, pero nunca has sido más fuerte.

Como resultado, los guerreros de oración más grandes bien pudieran parecer ser los más débiles: el delincuente convicto en la cárcel, el inmigrante en la frontera, el niño olvidado en el orfanato. El manto de oración de la depresión es tan santo como el que está hecho de lino. Mi madre, plagada por la demencia, yacía en su cama y mascullaba. Nuestro buen Dios la escuchaba. Cuando el veterano con trastorno de estrés postraumático anhela tener la valentía para reincorporarse a la sociedad, ¿no es esta una oración digna del cielo?

Ahora mismo, en este momento, mientras escribo estas palabras y tú las lees, el Espíritu del Dios viviente está hablando de ti con el resto de la Trinidad. El Espíritu eterno, inagotable y siempre creativo está hablando por ti. Él...

> ora por nosotros con gemidos que no pueden expresarse con palabras. (Romanos 8:26)
> intercede por nosotros con gemidos indecibles. (RVR1960)
> intercede por nosotros con gemidos que no pueden expresarse con palabras. (NVI)

¿No te parece asombroso? ¡Nuestra ayuda fiel está aquí! La mayor fuerza, la única fuerza verdadera del universo, es tu aliado, tu vocero, tu abogado. «Y sabemos que Dios hace que todas las cosas cooperen para el bien de quienes lo aman y son llamados según el propósito que él tiene para ellos» (v. 28).

Lo que oras por la noche se oye a la luz del trono de tu Padre. «Tú llevas la cuenta de todas mis angustias y has juntado todas mis lágrimas en tu frasco; has registrado cada una de ellas en tu libro» (Salmos 56:8).

Que esta confianza añada valor a tu tiempo de oración. El apóstol Pablo lo hizo. Si le preguntáramos: «¿Cómo puede una persona caminar en el Espíritu?», él diría: «¡Orando!». Su vida estaba dedicada a la oración. Él oraba periódica y continuamente, y nos animó a nosotros a hacer lo mismo (1 Tesalonicenses 5:16-18). «Oren en el Espíritu en todo momento» (Efesios 6:18, NVI), nos instó.

En un día de junio de 2018, doce muchachos tomaron una decisión que casi les cuesta la vida. Descendieron a los recovecos de la cueva

Tham Luang en Tailandia. El plan era sencillo: echar un vistazo durante una hora, salir a la superficie con recuerdos divertidos, y después regresar pedaleando a casa. Eso era todo.

Nadie se esperaba el agua.

Una tormenta repentina inundó los pasadizos, atrapando al grupo en el interior. No tenían comida y no había luz, solo una profunda oscuridad, y no podían comunicarse con el mundo exterior. La cueva era profunda, estaban irremediablemente atrapados.

Los muchachos no tenían forma de saberlo, pero personas de todo el mundo estaban orando por ellos. No sabíamos cómo orar, pero aun así lo hicimos. Dios escuchó nuestras oraciones. Una red de naciones desarrolló un plan de rescate. El esfuerzo involucraba a más de diez mil personas —buzos, rescatadores, soldados, pilotos de helicóptero, conductores de ambulancias—, así como cilindros de buceo, perros rastreadores, drones y robots. Todo un mundo de personas entendidas y capaces se pusieron a trabajar por ellos.

Los trabajadores tardaron nueve días, pero los buzos finalmente encontraron a los muchachos acurrucados en un borde fangoso. El rescatador se quitó la mascarilla y les dijo a los muchachos: «Yo soy solo el primero. Ahora llegan los demás».[2]

¿Te imaginas cómo se sintieron cuando oyeron esas palabras? Si es así, puedes imaginar cómo quiere el Espíritu que te sientas cuando te dice: «Yo diré lo que tú no puedes decir. No te desesperes. Tus oraciones han sido escuchadas en el cielo».

Tú no estás atrapado bajo un kilómetro de tierra, pero quizá estás atascado en un lugar oscuro sin ver salida alguna. Si es así, por favor escucha esto. Cuando estamos en tiempos de debilidad, todo se pone en acción mientras la Trinidad trabaja para conseguir lo que es bueno para nosotros. No sabemos cómo orar, pero no pasa nada. El Espíritu Santo sí sabe y ora por ti.

CAPÍTULO 5

Una salvación segura

El Espíritu como sello

*Pues estoy convencido de que ni la muerte ni la vida, ni los ángeles ni
los demonios, ni lo presente ni lo por venir, ni los poderes, ni lo alto
ni lo profundo, ni cosa alguna en toda la creación podrá apartarnos
del amor que Dios nos ha manifestado en Cristo Jesús nuestro Señor.*
—ROMANOS 8:38-39, NVI

Que yo no pierda nada de lo que él me ha dado.
—JUAN 6:39, NVI

Quizá puedes identificarte con este tierno recuerdo de la infancia. Mis padres y mis abuelos conspiraron para que me quedara una semana al cuidado de estos últimos. Yo tendría unos diez años, si acaso. Era un crío. El plan era sencillo: mamá y papá me llevarían a la estación de autobuses, me comprarían un boleto y me despedirían para que hiciera ese viaje de tres horas. Mis abuelos conducirían a la estación de autobuses más cercana a su casa, esperarían mi llegada y me llevarían a su hogar. Mi tarea, como me explicó varias veces mi mamá, era quedarme quieto en mi asiento y no bajarme en ninguna de las paradas del camino. Si me bajaba, tendría que ser solo debido a razones de necesidad fisiológica. «Tú a lo tuyo, no hables con nadie y vuelve a subirte». Si mamá no me lo dijo doce veces, no me lo dijo ninguna.

Y tenía razones para preocuparse, por supuesto. La carretera puede ser un lugar peligroso. Los niños se pierden. A los niños los raptan. Los niños son rebeldes. A pesar del peligro, mis padres me llevaron a la estación de autobús.

Cuando estaba a punto de subir al autobús, mi papá hizo algo para reafirmarme. Tomó una pequeña cantidad de dinero, lo colocó junto a una nota que había escrito, y metió ambas cosas en el bolsillo de mi camisa. «Cómprate algún dulce». Me dio un abrazo. Mamá me dio un beso. Y me fui.

De acuerdo a mis instrucciones, me quedé quieto en mi asiento y me dediqué a observar los campos de algodón del oeste de Texas. Nos detuvimos en ciudades prósperas como Seminole, Slaton e Idalou, pero yo no me bajé. Solo cuando divisé a mi abuela me bajé del autobús. El viaje transcurrió sin incidencias.

Sin duda, la única razón por la que vale la pena mencionarlo es por la nota que mi papá metió en el bolsillo de mi camisa. A pocos kilómetros de comenzar el viaje, saqué el dinero y el trozo de papel. «Este niño pertenece a Jack y Thelma Lucado», decía. La nota tenía escrita la dirección de nuestra casa y el número de teléfono. En el caso improbable de que yo me separara del autobús, con suerte ese mensaje me reconectaría con mi familia.

Me produce una gran alegría poder decir esto: Dios hizo lo mismo contigo. Mira en el bolsillo de la camisa de tu espíritu y lo verás. Él te reclama públicamente: «Este niño es mío». Tú y yo necesitamos su protección. La carretera puede ser un lugar peligroso. Sus hijos se pierden. Sus hijos e hijas se vuelven rebeldes. El malvado puede seducirnos. Dios quiere que Satanás y sus secuaces sepan lo siguiente: «Esta persona me pertenece. Quítale tus manos de encima».

¿A quién le encomienda la Trinidad tu protección? «Fuisteis sellados con el Espíritu Santo de la promesa» (Efesios 1:13, RVR1960). Más adelante en la misma epístola, Pablo nos insta diciendo: «Y no contristéis al Espíritu Santo de Dios, con el cual fuisteis sellados para el día de la redención» (Efesios 4:30, RVR1960). En ambos pasajes, el apóstol habló en tiempo pasado simple para enfatizar una obra terminada. No estamos *siendo sellados*, ni *esperamos ser sellados* algún día. Hemos sido *sellados una vez y para siempre* con el Espíritu para nuestra redención.[1]

Sellar. Ya conoces el verbo. Has enroscado la tapa de un frasco de cristal para sellar los pepinillos. Lamiste un sobre para sellar la carta. Certificaste el contrato para sellar el trato. Sellar declara propiedad y asegura el contenido. Sellar es la acción que dice: «Esto es mío y está protegido».

Cuando aceptaste a Cristo, Dios te selló con el Espíritu. Él te protegió, asegurándose de que estabas a salvo. Satanás quizá te quiere asustar, desanimar y, de vez en cuando, influenciar; pero él no puede poseerte. Cristo «los identificó como suyos, y así les ha garantizado que serán salvos el día de la redención» (Efesios 4:30).

Cuando se trata del visto bueno divino, Jesús y tú disfrutan del mismo estatus. Él dijo: «Dios Padre me ha dado su sello de aprobación» (Juan 6:27). La palabra griega usada para describir tanto el sello de Jesús como el del santo es idéntica.[2] ¿Temía Jesús ser rechazado por su Padre? En absoluto. ¿Deberías tú temer lo mismo? ¡No!

No solo has sido sellado, también *has sido adoptado.*

> Pues todos los que son guiados por el Espíritu de Dios son hijos de Dios. Y ustedes no han recibido un espíritu que los esclavice al miedo. En cambio, recibieron el Espíritu de Dios cuando él los adoptó como sus propios hijos. Ahora lo llamamos «Abba, Padre». Pues su Espíritu se une a nuestro espíritu para confirmar que somos hijos de Dios. Así que como somos sus hijos, también somos sus herederos. (Romanos 8:14-17)

No eres esclavo. El esclavo vive con miedo: miedo a que el amo no apruebe el trabajo que hace, miedo a que el amo no provea para el futuro. ¿Qué le impide al amo vender al esclavo en cualquier momento?

Sin embargo, la relación padre-hijo es una relación de confianza.

En el Antiguo Testamento, a Dios se le describe como padre quince veces. En el Nuevo Testamento se hace referencia a él como nuestro padre más de doscientas veces. El Nuevo Testamento es mucho más pequeño que el Antiguo. Por lo tanto, ¿qué ocurrió entre el Antiguo y el Nuevo?[3]

Ocurrió Cristo. Su muerte en la cruz fue el pago final por nuestros pecados. «Tan lejos de nosotros echó nuestras transgresiones como lejos del oriente está el occidente» (Salmos 103:12, NVI). ¿Qué tan lejos está el este del oeste? Cada vez más lejos. Viaja hacia el oeste y nunca llegarás al este. Viaja hacia el este y nunca llegarás al oeste. No sucede así con las otras dos direcciones. Si viajas hacia el norte o el sur, finalmente llegarás al Polo Norte o al Polo Sur y cambias la dirección. Pero el este y el oeste no tienen puntos de inflexión.

Tampoco Dios los tiene. Su perdón es irreversible.

«Pon tu pie sobre nuestras maldades y arroja al fondo del mar todos nuestros pecados» (Miqueas 7:19, NVI). La palabra hebrea usada para «arroja» suena como «derrota».[4] Dios le da a nuestros pecados un golpe mortal. Los arroja al fondo del océano más profundo. No los apila en una habitación ni los oculta debajo de una alfombra; los catapulta hasta el cielo y deja que caigan al mar y se hundan en las aguas más remotas, para no volver a recuperarlos nunca más ni usarlos contra nosotros. Él ya se ha ocupado de ellos por completo. Tus pecados están sumergidos en el mar, cargados en el tren con destino al este mientras que tú vuelas hacia el anochecer.

> Graba esta verdad: cuando Dios te ve, no ve tu pecado.

Graba esta verdad: cuando Dios te ve, no ve tu pecado. Dios «borra tus transgresiones» y «no se acuerda más de tus pecados» (Isaías 43:25, NVI). No hay periodo de pruebas. No has excepciones. No hay vuelta atrás. Dios no cambiará de idea con respecto a ti.

Dios te ha adoptado. Esto es asombroso en cualquier época; sin embargo, para la audiencia del apóstol Pablo era especialmente importante. Según la ley romana, un hijo adoptado…

- perdía toda relación con su familia anterior. Todo se terminaba y obtenía todos los derechos de la nueva familia,
- se convertía en heredero de la herencia del padre,
- se le perdonaban todas las deudas anteriores,
- y era, a los ojos de la ley, hijo de su nuevo padre.[5]

Esto es lo que Cristo hizo posible para nosotros. Somos innegablemente de Dios. Es como si nuestro pasado nunca hubiera ocurrido. No tenemos nada que ver con nuestra identidad anterior. El Espíritu Santo nos convence de esa transacción. Él «se une a nuestro espíritu para confirmar que somos hijos de Dios» (Romanos 8:16).

Y debido a que somos sus hijos, Dios envió al Espíritu de su Hijo a nuestro corazón, el cual nos impulsa a exclamar «Abba, Padre». Ahora ya no eres un esclavo sino un hijo de Dios, y como eres su hijo, Dios te ha hecho su heredero. (Gálatas 4:6-7)

La actitud natural que tienen las personas hacia Dios no es esta. Quizá repetimos la frase «Padre nuestro que estás en los cielos», pero no la creemos. Realmente no confiamos en él, ni lo amamos ni lo seguimos. Sin la obra del Espíritu, vemos a Dios como una deidad a quien hay que evitar, calmar o incluso de la que hay que escapar. Tememos a Dios. Si acudimos a él en oración, es por obligación o temor, no por amor.

Sin embargo, en nuestra conversión se produce un cambio sobrenatural. Nuestro afecto hacia Dios comienza a crecer. Acudimos a él, confiamos en él, comenzamos a verlo como el Padre perfecto. Podemos hacer eso «porque nos ha dado el Espíritu Santo para llenar nuestro corazón con su amor» (Romanos 5:5).

El Espíritu convence a tu espíritu de esta verdad: tu destino está en las manos de un Padre amoroso. Tu nombre no está escrito en el libro de Dios con un lapicero. Él no tiene un borrador sobre tu nombre, solo

Tu nombre no está escrito en
el libro de Dios con un lápiz.
Él no tiene un borrador sobre
tu nombre, solo esperando
a tener una excusa para
eliminarlo. Él no es un capataz
cruel que demanda perfección
y promete castigar. Él es un
buen Padre, que ha escrito tu
nombre en el Libro de la Vida
con la sangre del Cordero.

esperando a tener una excusa para eliminarlo. Él no es un capataz cruel que demanda perfección y promete castigar. Él es un buen padre, que ha escrito tu nombre en el Libro de la Vida con la sangre del Cordero. Y el Espíritu de Dios te está animando a escuchar mientras afirma en tu espíritu que eres hijo de Dios. Has sido adoptado en la familia. «Es Dios quien nos capacita, junto con ustedes, para estar firmes por Cristo. Él nos comisionó y nos identificó como suyos al poner al Espíritu Santo en nuestro corazón como un anticipo que garantiza todo lo que él nos prometió» (2 Corintios 1:21-22).

Hace un tiempo escuché a una querida amiga describir el día en que se hizo cristiana como el más maravilloso de su vida. Dijo que el día siguiente fue el peor de su vida. Le pregunté por qué.

Ella me explicó: «Me desperté con esta idea: "¿Qué ocurre si meto la pata?"».

¿Te identificas? ¿Temes que tu fe pueda fallarte?

Robert Harkness era un gran pianista australiano que recorría el mundo a sus veinte años con el famoso evangelista R. A. Torrey. Una noche en una convocatoria evangelística en Canadá, Harkness conoció a un joven que se había convertido recientemente y que temía no ser capaz de mantener su salvación. Harkness anhelaba que el joven, y otros como él, confiaran en la capacidad de Dios para guardarlos, que estuvieran conscientes de que él termina lo que comienza.

Harkness mencionó la necesidad en una carta a Londres a la escritora de himnos Ada Habershon. Inspirada, ella escribió la canción «Él me sostendrá».

Si la fe me abandonare,
Él me sostendrá;
Y si el mal me amenazare,
Él me sostendrá.

Él me sostendrá, él me sostendrá:
Mi Jesús que tanto me ama,
Él me sostendrá.
Nunca yo podré ser firme
Con tan débil fe;
Más él puede dirigirme,
Y él me sostendrá.[6]

¿Por qué es importante esta seguridad? ¿Por qué cuenta? ¿Por qué necesitas saber que el Padre te ha adoptado y sellado con el Espíritu? Simple. Porque hay poder en la seguridad.

Una joven colega de graduación me pidió que orara por ella para que la aceptaran en la facultad de derecho. Llenó las solicitudes, las entregó y esperaba… y esperaba. Cada vez que hablábamos, parecía estar más ansiosa. *¿Qué ocurre si no entro? ¿Qué haré el siguiente semestre? ¿Habré escogido la profesión correcta?*

El futuro incierto le producía incomodidad.

Pero entonces llegó la carta de aceptación. «Nos complace informarle…».

Ella me llamó con las buenas noticias. Su voz era fuerte y sus pensamientos positivos. Inmediatamente pasó a otro nivel. Estaba planeando encontrar un apartamento, revisar el plan de estudios, comprar algo de ropa nueva. ¿A qué se debió el cambio en su actitud? Sabía lo que venía después. Su futuro estaba asegurado.

El Espíritu Santo nos da una seguridad mucho más importante. De él recibimos una carta de aceptación no para ir a la facultad de derecho, sino al cielo.

Por lo tanto, no tendremos temor en el día del juicio, sino que podremos estar ante Dios con confianza, porque vivimos como vivió Jesús en este mundo.

En esa clase de amor no hay temor, porque el perfecto amor expulsa todo temor. Si tenemos miedo es por temor al castigo, y esto muestra que no hemos experimentado plenamente el perfecto amor de Dios. Nos amamos unos a otros, porque él nos amó primero. (1 Juan 4:17-19)

¿Eres un cristiano que tiene miedo al juicio? Que la oración de Robert Robinson sea también la tuya:

> *Fuente de la vida eterna*
> *y de toda bendición,*
> *Ensalzar tu gracia tierna*
> *debe cada corazón.*
> *Tu piedad inagotable,*
> *abundante en perdonar,*
> *Unico Ser adorable,*
> *gloria a ti debemos dar.*[7]

Dios te ama con un amor perfecto: con conocimiento perfecto de tus errores pasados y con conocimiento perfecto de tus futuros traspiés, y sin embargo, está totalmente dispuesto a amarte a pesar de ambas cosas. Él está comprometido a llevarte a casa sano y salvo.

Nic Brown entiende el valor de esta seguridad. Él fue la primera persona de su condado en ser diagnosticado con el coronavirus. Tenía treinta y ocho años en ese tiempo y era un saludable padre de dos hijas. Como residente de un condado rural de Ohio, no tenía ni idea de cómo contrajo la enfermedad.

Pero le sucedió. La enfermedad lo atacó con fuerza. A medida que se deterioraba su salud, fue trasladado a la unidad de cuidados intensivos de la Clínica Cleveland y lo mantuvieron con vida artificialmente. Su situación se deterioró tanto que el hospital conversó con su esposa en cuanto a poner fin a su vida. Su equipo médico supervisaba su tratamiento escribiendo metas para cada día en la puerta de cristal de su habitación. Al final de las notas, dejaban este mensaje especial de determinación: «Te llevaremos a casa».

Poco a poco, el cuerpo de Nic comenzó a combatir al virus. La recuperación fue gradual, pero completa. Nic finalmente se reunió con sus hijas y su esposa. Los cuidadores habían cumplido su promesa.[8]

El Espíritu Santo cumplirá la suya. Hemos sido sellados. Él nos llevará a casa.

CAPÍTULO 6

Calma este caos

El Espíritu como paloma

Les dejo un regalo: paz en la mente y en el corazón. Y la paz que yo doy es un regalo que el mundo no puede dar. Así que no se angustien ni tengan miedo.
—JUAN 14:27

Svalbard, Noruega, el lugar más seguro de la tierra. Al menos así lo considera la Bóveda Global de Semillas. Ellos son los cerebros que hay detrás de una cámara acorazada con seguridad ultra alta y temperatura ultra baja que tiene la capacidad de contener semillas de todas las plantas comestibles, más de 4,5 millones de ellas.

Aunque Svalbard no es el lugar más seguro de la tierra, sin duda es uno de los más fríos y lejanos en el norte. Temperaturas por debajo de cero grados centígrados son lo común. La cantidad de osos polares supera a la de los humanos. Las gélidas temperaturas y la escasa población hacen que califique de manera única para salvaguardar la agricultura en caso de una catástrofe. Allí se construyeron búnkeres de cemento subterráneos para resistir inundaciones, incendios y ataques nucleares. En caso de un calentamiento global o de una plaga mundial, las semillas estarían a salvo.

La mayoría de las personas no pueden esconderse en un búnker. Sin embargo, las amenazas de calamidades podrían causar que intentáramos hacerlo. Si la temperatura global aumenta unos grados más...

Si la información clasificada cae en manos siniestras... Si la persona incorrecta pulsa el botón rojo equivocado... Es suficiente para hacer que una persona compre un boleto para volar a Svalbard.[1]

Y por si los peligros mundiales no fueran suficientes, también tenemos que enfrentar los personales. El número de glóbulos rojos sigue subiendo. La cuenta de ahorros mengua. El matrimonio se va a pique. Aumentan las pandemias. El trabajo escasea. El estrés se sale de la gráfica. No puedes dormir. No puedes comer. Eres incapaz de calmar esa tormenta interior.

¿El resultado? Ansiedad. La emoción no es una señal de debilidad, inmadurez o posesión demoniaca. Es simplemente el resultado de vivir en un mundo difícil que cambia rápidamente. La ansiedad no es una señal de debilidad, aunque nos debilita. Se lleva nuestro descanso. Nubla nuestra mente. Llena nuestro corazón de pavor. Sin embargo, la ayuda está aquí. Tienes a tu disposición el antídoto más seguro para la inquietud. El Espíritu Santo. Él es la calmada presencia de Dios en el mundo de hoy. Él te ayudará a desafiar las voces amedrentadoras y te acercará a la presencia llena de paz.

Su primer acto en la historia terrenal fue convertir el caos en calma. «Y la tierra estaba desordenada y vacía, y las tinieblas estaban sobre la faz del abismo, y el Espíritu de Dios se movía sobre la faz de las aguas» (Génesis 1:2, RVR1960).

La descripción más temprana de nuestro planeta no es muy cordial. Mi imaginación forma imágenes de lava hirviendo, cometas aleatorios, olas chocando y laberintos sin luz. No había vida, luz, ni sonido agradable, solo caos, abismo y un furioso pandemonio.

Sin embargo, en ese momento de primitivo frenesí, vemos la inaugural aparición del Espíritu Santo: «se movía sobre la faz de las aguas».

Podríamos esperar un verbo diferente. El Espíritu de Dios *reinaba, mandaba, dirigía* o *declaraba*. No obstante, la actividad inicial del Espíritu Santo fue moverse sobre un mundo enloquecido. Esta expresión, *se movía*, aparece en contadas ocasiones. En una de esas ocasiones se usa de nuevo en un contexto de caos. La relación de Dios con el Israel de antaño se describe como un águila protectora que se mueve y revolotea.

> Como el águila que excita su nidada, revolotea sobre sus pollos, extiende sus alas, los toma, los lleva sobre sus plumas. (Deuteronomio 32:11, RVR1960)

¿Puedes visualizar a los polluelos piando, con la boca abierta y moviendo la cabeza? El nido es un enjambre de energía, inexperiencia e ineptitud, pero llega mamá águila y su presencia calma a sus polluelos. Su provisión nutre a sus aguiluchos. Su tarea es sencilla: calmar el caos.

De la misma manera, el Espíritu de Dios se movía sobre la faz de las aguas. Y cuando hubo calma, fue capaz de crear.

> La tierra estaba sin orden y vacía, y las tinieblas cubrían la superficie del abismo, y el Espíritu de Dios se movía sobre la superficie de las aguas. *Entonces* dijo Dios: Sea la luz. Y hubo luz. (Génesis 1:2-3, LBLA, énfasis añadido)

Antes de que Dios creara el mundo, el Espíritu de Dios lo calmó.

El Antiguo Testamento comienza con una descripción del Espíritu moviéndose, estableciendo su presencia. Qué apropiado es entonces que al principio del Nuevo Testamento veamos una historia del Espíritu como una dócil paloma.

> Entonces Jesús vino de Galilea a Juan al Jordán, para ser bautizado por él. Mas Juan se le oponía, diciendo: Yo necesito ser bautizado por ti, ¿y tú vienes a mí? Pero Jesús le respondió: Deja ahora, porque así conviene que cumplamos toda justicia. Entonces le dejó. Y Jesús,

después que fue bautizado, subió luego del agua; y he aquí los cielos le fueron abiertos, y vio al Espíritu de Dios que descendía como paloma, y venía sobre él. (Mateo 3:13-16, RVR1960)

Juan el Bautista intentó convencer a Jesús de que desistiera de bautizarse, queriendo revertir los papeles. Sin embargo, Jesús no aceptó. Y, por lo tanto, ambos se metieron en las aguas color cobalto, sintieron el barro entre los dedos de sus pies y sonrieron a la multitud que estaba de pie en la orilla del río. Juan sostuvo a Jesús y lo empapó, y cuando Jesús salía del agua los cielos se abrieron y el Espíritu —como una paloma— descendió sobre él.

Los cuatro Evangelios relatan ese momento (Marcos 1:10; Lucas 3:22; Juan 1:32). Lucas, en el suyo, incluso llega a decir que el Espíritu descendió no como paloma, sino en forma de paloma: «y descendió el Espíritu Santo sobre él en forma corporal, como paloma» (Lucas 3:22, RVR1960). Se describe al Espíritu Santo de muchas formas en las Escrituras: fuego, viento, aceite en una lámpara y un río que surge con líquido vivo. Pero aquí, en la coronación de Cristo, el Espíritu escogió descender de manera gentil, delicada y dócil, como una paloma.

¿No hubiera sido más adecuado un halcón? ¿Siempre listo para lanzarse sobre Satanás, la rata? ¿O un búho, símbolo de la sabiduría? ¿Quizá una alondra, llenando al mundo de música? Sin embargo, el Espíritu escogió venir como una paloma. ¿Por qué?

Parte de la respuesta podría residir en la ternura maternal del Espíritu Santo. En tiempos bíblicos, la paloma era un símbolo femenino y la palabra hebrea para Espíritu era femenina.[2] «Las palomas se consideraban comúnmente como un símbolo de maternidad por su característica habilidad de producir su propia leche [...] Ellas dejan de buscar el alimento justo antes de que nazcan sus polluelos. Esta inanición temporal asegura una formulación de leche más pura para sus polluelos».[3]

El Espíritu Santo, como una madre, nos ministra con afecto.

Yo siempre sabía cuándo mis hijas llegaban a casa malhumoradas. Su primera pregunta era: «¿Dónde está mamá?». La respuesta de ella a sus problemas era distinta a la mía. Yo entraba en modo solucionador. Reaccionaba con estrategias y soluciones. Sin embargo, Denalyn reaccionaba con afecto y empatía. Ella escuchaba. Abrazaba a su hija. La dejaba hablar todo lo que ella quisiera. Se mostraba muy empática.

Hay ocasiones en las que necesitamos la fuerza de un padre y Dios, nuestro Padre, provee eso. Hay otras veces en las que necesitamos la amistad de un hermano y Jesús, nuestro hermano espiritual, nos la ofrece. Pero hay otros momentos en los que nuestro espíritu está inquieto y ansioso. Anhelamos la tranquila seguridad de una madre amorosa. Para eso acudimos al Espíritu Santo.

La Paloma Santa de Dios tranquiliza la atmósfera ruidosa, tumultuosa, excitable y vindicativa del corazón humano. «Mas el fruto del Espíritu es [...] bondad [...] mansedumbre» (Gálatas 5:22-23, RVR1960).

¿Te vendría bien algo de eso? Un estudio realizado por la Asociación Psiquiátrica Americana en 2018 reveló que el cincuenta y uno por ciento de los estadounidenses se describen como ansiosos, inclinando la balanza hacia la preocupación por primera vez.[4]

Satanás esparce ese temor. Estoy convencido de que él dirige una escuela dedicada a un solo tema: el lenguaje de la ansiedad. En algún lugar de las entrañas del infierno, salones de clase llenos de demonios están aprendiendo el dialecto del terror y la duda. Si te sentaras en esa clase (algo no recomendable), verías al profesor de pánico avanzar acechando sobre la sala, discutiendo sobre el fino arte de la difusión del temor. Alza su escuálido dedo al aire y habla mediante rugidos. «Deben sembrar semillas de angustia en la mente de esos hijos de Dios».

«Exageren, sobreestimen y amplifiquen», dice él. «Despiértenlos en mitad de la noche. Mejor aún, manténganlos despiertos para que no puedan descansar. Asegúrense de que supongan lo peor. Ínstenlos a visualizar un mundo sin escapatoria, sin solución y sin esperanza».

Si alguna vez escucharas a escondidas una de esas clases (insisto, no lo recomiendo), oirías a sus apocados secuaces ensayar las declaraciones de inquietud.

¡Nadie me ayudará jamás!

¡Se acabó!

¡Todos están en contra mía!

¡Nunca superaré esta situación!

Los demonios se gradúan con una tarea: provocar una ansiedad que robe la fe, que haga que nos mordamos las uñas, que quite el sueño.

> La próxima vez que una oleada de ansiedad comience a abalanzarse sobre ti, acude inmediatamente al Espíritu en adoración.

¿Te están susurrando eso al oído?

Nuestra sociedad cargada de estrés ha desarrollado muchas habilidades para lidiar con la ansiedad. Tenemos ejercicios de respiración y técnicas de meditación. Tenemos medicamentos y seminarios. Estas herramientas tienen su lugar, pero la persona en quien habita el Espíritu tiene el mayor de los recursos. Acude a él en busca de ayuda. La próxima vez que una oleada de ansiedad comience a abalanzarse sobre ti, acude inmediatamente al Espíritu en adoración.

El apóstol Pablo dijo:

No se emborrachen con vino, que lleva al desenfreno. Al contrario, sean llenos del Espíritu. Anímense unos a otros con salmos, himnos y canciones espirituales. Canten y alaben al Señor con el corazón, dando siempre gracias a Dios el Padre por todo, en el nombre de nuestro Señor Jesucristo. (Efesios 5:18-20, NVI)

Adorar constantemente limpia
los escombros de nuestro
corazón. La alabanza es el
elemento limpiador de nuestro
corazón que se lleva la basura de
la preocupación y la ansiedad.

El apóstol contrasta dos estrategias para hacer frente al caos interno: embriaguez y celebración. Muchas personas se adormecen a sí mismas, si no con alcohol, con largas semanas de trabajo, ataques de compras u horas de juego. Cualquiera que haya intentado este método conocerá su falsedad. Los momentos felices que ofrecen en los bares no nos hacen felices. Puede que nos olvidemos de nuestros problemas por un momento, pero nos esperan al salir de allí.

¿La mejor opción? Celebrar. Llena el aire de «salmos, himnos y canciones espirituales». Pablo usó un tiempo verbal que hizo que una traducción dijera: «Sean siempre llenos y estimulados por el Espíritu Santo»[5]. Adorar constantemente limpia los escombros de nuestro corazón. La alabanza es el elemento limpiador de nuestro corazón que se lleva la basura de la preocupación y la ansiedad.

Pablo y Silas modelaron esa práctica. Los enemigos los habían arrastrado ante los magistrados del puesto fronterizo romano de Filipos. Las autoridades los golpearon con varas. Esas varas les desgarraron la piel, les hicieron ronchas, moratones, y quizá les rompieron una que otra costilla. Después, los soldados los encarcelaron en la parte más profunda de la prisión, donde estaba húmedo, frío e infestado de ratas. Para aumentar la seguridad y su sufrimiento, les ataron los pies con grilletes (Hechos 16:24).

Allí los dejaron toda la tarde y parte de la noche, en territorio extraño, sin abogados, con las espaldas abiertas a infecciones, rodeados de oscuridad, temblando de frío, incapaces de adoptar una buena postura, a cientos de kilómetros de casa. ¿Cuál fue su respuesta?

> Alrededor de la medianoche, Pablo y Silas estaban orando y cantando himnos a Dios, y los demás prisioneros escuchaban. De repente, hubo un gran terremoto y la cárcel se sacudió hasta sus cimientos. Al instante, todas las puertas se abrieron de golpe, ¡y a todos los prisioneros se les cayeron las cadenas! (Hechos 16:25-26)

¡Qué bueno hubiera sido haber escuchado esas canciones! Cantaron con tanto entusiasmo, que los demás prisioneros los escucharon.

Pablo y Silas no sabían cómo terminaría esa historia. Ellos no habían leído Hechos 16. No estaban seguros de que los iban a liberar, pero estaban seguros de quién era su libertador. Tú también puedes estar seguro.

En lugar de entrar en pánico, puedes decidir alabar.

¿Esos diablos y las mentiras que susurran? Mantente firme contra ellos. ¿Esas voces con sus semillas de duda y derrota? Siléncialas. Tú tienes mayor jerarquía que Lucifer y sus huestes. Tu ejemplo es el de Jesucristo.

Cuando llegó la tormenta a su mundo, ¿qué hizo él? «Reprendió al viento, y dijo al mar: Calla, enmudece. Y cesó el viento, y se hizo grande bonanza» (Marcos 4:39, RVR1960).

Cuando el demonio cargó contra un hombre en la sinagoga, ¿cómo respondió Jesús? «Jesús le reprendió, diciendo: ¡Cállate, y sal de él!» (Marcos 1:25, RVR1960).

Haz lo mismo. El Espíritu Santo te dará el poder; solo tienes que usarlo. Cuando llegue la tormenta de temor, habla contra ella. Cuando el maligno se acerque, ¡repréndelo! Mantente firme contra las fuerzas del infierno. «Porque no nos ha dado Dios espíritu de cobardía, sino de poder, de amor y de dominio propio» (2 Timoteo 1:7, RVR1960).

Permíteme mostrarte cómo funciona esto. Es medianoche. Has estado tratando de dormirte desde las diez, pero no puedes. Tienes una reunión importante mañana. Necesitas descansar. Intentas distintas estrategias para conciliar el sueño: respiración lenta, contar ovejas, escuchar un sermón de Max Lucado, pero nada funciona. Tu mente no se desconecta.

Comienzas a imaginarte lo peor. Se te olvidarán las notas. Te confundirás al llamar a tu jefe. Tus pensamientos giran en espiral descendente, haciendo que caigas cada vez más y más, hasta encontrarte en un pozo. Golpeas la almohada y tu corazón se agita en tu pecho.

El antiguo tú podría haber pasado la noche mirando a la oscuridad, pero una nueva versión de ti está tomando forma. Una versión que ha recibido la plenitud del Espíritu Santo. Una versión que no enfrenta sola los retos, sino que acude rápidamente a la adoración.

Por lo tanto, esto es lo que sucede. Te levantas de la cama y buscas un lugar tranquilo donde poder abrir tu Biblia y orar. Lees los versículos que prometen la paz del Espíritu Santo.

> Oré al Señor, y él me respondió;
> me libró de todos mis temores.
> Los que buscan su ayuda estarán radiantes de alegría;
> ninguna sombra de vergüenza les oscurecerá el rostro.
> En mi desesperación oré, y el Señor me escuchó;
> me salvó de todas mis dificultades.
> Pues el ángel del Señor es un guardián;
> rodea y defiende a todos los que le temen. (Salmos 34:4-7)

Escoges tu canción favorita, para escucharla o para cantarla. O quizá para hacer ambas cosas. Si no basta con una, cantas un poco más. Después oras. Oras en el Espíritu y el Espíritu ora en ti. Entregas el día de mañana al cuidado de tu amoroso Dios y después te aseguras de que el diablo sepa que ha fallado, le dices que te deje tranquilo. *Yo pertenezco a Jesucristo, muchas gracias. Así que ahora mismo te vas de aquí.*

Sin duda que debe hacerlo. Lo hará.

¿Te quedarás dormido al instante? Probablemente. Pero si no, aguanta ahí.

El Espíritu Santo hará por ti lo que mi hija hizo por su hijo. Era un gran día para el pequeño Max: su primer corte de cabello. Todos estaban emocionados. Todos, excepto Max. Sus dieciséis meses de vida aún no lo habían preparado para ese momento. No le importaba que iba a sentarse en un camión de bomberos en miniatura. No le importaba que le hubieran prometido un dulce. No lo distraían los dibujos animados en la televisión. Lo único que veía era a una mujer a la que no conocía que venía hacia él con un par de tijeras.

Comenzó a llorar. Su papá intentaba consolarlo. Su abuela hacía lo mismo. Yo le dije que algún día desearía tener cabello que le pudieran cortar. Eso no hizo ninguna diferencia. Pero entonces llegó mamá. Ella se agachó y susurró en su oído palabras que el resto no podíamos oír. Aún no estaba contento, pero se calmó lo suficiente para poder terminar la faena.

El Espíritu, el corazón maternal de Dios, también te calmará. Él calmó a la creación. Él descendió como una paloma. Respira hondo y serénate. El Espíritu de Dios está aquí para ayudar.

CAPÍTULO 7

Cómo escuchar a Dios

El Espíritu como columna de nube y de fuego

En tu gran misericordia no los abandonaste [a los israelitas] para que murieran en el desierto. La columna de nube todavía los guiaba de día, y la columna de fuego les mostraba el camino durante la noche. Enviaste tu buen Espíritu para que les enseñara, y no dejaste de alimentarlos con maná del cielo ni de darles agua para su sed.
—NEHEMÍAS 9:19-20

Infundiré mi Espíritu en ustedes, y haré que sigan mis preceptos y obedezcan mis leyes.
—EZEQUIEL 36:27, NVI

Aun amigo mío lo apasiona «El juego de la vida». Le encanta. Para su disgusto, yo nunca había oído hablar de ello. Puso una cara como si yo fuera de otro planeta y comenzó a describir lo que él consideraba el juego de mesa perfecto.

Esta es la esencia. El tablero contiene un camino por la vida y una serie de casillas. Hay un montón de cartas, automóviles, una peonza, algunas fichas, unas cuantas personitas, unas cuantas montañas, edificios y uno o dos puentes. Al girar la peonza, los jugadores avanzan cierto número de casillas. Las casillas les invitan a tomar una decisión. (¿O la carta los invitó a avanzar una casilla?) En cualquiera de los casos, tienen que tomar una decisión ante cierto dilema. ¿Trabajo o universidad? ¿Pedir dinero prestado o hacer una compra?

—¿Comer hamburguesa o espagueti? —me reí yo. Mi amigo no sonreía.

—Todo se trata de las decisiones que tomamos y las consecuencias que conllevan —me explicaba él.

—Cómpralo y pruébalo. Es de la marca...

—No necesito que me lo digas —lo interrumpí—. Conozco al inventor.

—¿Lo conoces?

—Sí, hablé con él esta mañana.

—¿Has hablado con el creador del juego de la vida?

—Sí. Hablé con él cuando oré.

Mi amigo seguía pensando que eso no era chistoso, pero yo tenía razón.

Según el plan de Dios, la vida es una serie de decisiones. ¿Me mudo o me quedo? ¿Lo retengo o lo suelto? ¿Me caso o no?

Pequeñas decisiones. Grandes decisiones. ¡Decisiones por todas partes! Tomamos nuestras decisiones y ellas nos hacen ser lo que somos. Por consiguiente, la toma de decisiones nos roba energía y crea ansiedad. ¿Qué sucede si tomo la decisión equivocada? ¿Y si voy al sur cuando debería ir al norte?

Entonces, ¿qué podemos hacer? Dado el peso de las decisiones, ¿cómo podemos tomar buenas decisiones? La promesa de las Escrituras te animará. Podemos ser guiados por el Espíritu Santo: «Me guía por sendas correctas, y así da honra a su nombre» (Salmos 23:3).

Dios, nuestro Buen Pastor, no solo nos alimenta; también nos guía. Él hace mucho más que corregirnos; nos dirige. Nos mantiene encarrilados. Él ha comisionado al Espíritu Santo para que nos guíe por los caminos sinuosos de la vida.

Un ejemplo gráfico de esta promesa se encuentra en la saga del pueblo hebreo.

Ellos habían pasado toda una vida dentro de los confines de la pequeña nación de Egipto. Nunca habían cruzado la frontera. Entonces, en un giro de los acontecimientos furiosamente rápido, el faraón los liberó. Siglos de esclavitud quedaban atrás; tenían por delante un nuevo futuro. El mar Rojo se abrió y la tierra prometida les hacía señas para que entraran. Era suya para conquistarla. Sin embargo, ellos eran unos nómadas novatos. Nunca habían salido de los límites de su ciudad. Sin ayuda, no tenían ninguna probabilidad de supervivencia. Por esa razón:

> De día, el Señor iba al frente de ellos en una columna de nube para indicarles el camino; de noche, los alumbraba con una columna de fuego. De ese modo podían viajar de día y de noche. (Éxodo 13:21, NVI)

> Lo mismo sucedió con la columna de nube, que dejó su puesto de vanguardia y se desplazó hacia la retaguardia, quedando entre los egipcios y los israelitas. (Éxodo 14:19-20, NVI)

> Siempre que la nube se levantaba y se apartaba del santuario, los israelitas levantaban campamento y se ponían en marcha. Si la nube no se levantaba, ellos no se ponían en marcha. (Éxodo 40:36-37, NVI)

¿Te imaginas la bendición de tener este GPS divino? En un día cualquiera, Dios les decía dónde tenían que ir. Al este hay un valle, al oeste hay una planicie. Delante hay una serie de colinas ondulantes. ¿Qué dirección es la correcta? Moisés y los líderes hacen una pausa hasta que la nube enorme gira. Cuando hace eso, ellos la siguen. El estrés de la toma de decisiones se redujo a estar atentos al cielo.

Podemos agradecer al profeta Isaías por darnos el nombre de la fuerza que había detrás de la nube y el fuego.

> ¿Dónde está el que puso su santo Espíritu entre ellos, el que hizo que su glorioso brazo marchara a la derecha de Moisés, el que separó las aguas a su paso, para ganarse renombre eterno? ¿Dónde está el que los guió a través del mar, como a caballo en el desierto, sin que ellos tropezaran? El Espíritu del Señor les dio descanso, como a ganado que pasta en la llanura. Fue así como guiaste a tu pueblo, para hacerte un nombre glorioso. (Isaías 63:11-14, NVI)

¿Quién guio a los antiguos esclavos a través del mar Rojo y del desierto? El Espíritu Santo.

¿Quién guía a los hijos de Dios hoy? ¡El Espíritu Santo! Tenemos lo que los hebreos tenían menos el maná.

Jesús nos aseguró esto: «Pero, cuando venga el Espíritu de la verdad, él los guiará a toda la verdad» (Juan 16:13, NVI).

Sin embargo, ¿cómo podemos aprender a seguirlo? ¿Por qué a veces no lo detectamos? ¿Cómo podemos ser guiados por el Espíritu?

Esta es una respuesta directa:

No imiten las conductas ni las costumbres de este mundo, más bien dejen que Dios los transforme en personas nuevas al cambiarles la manera de pensar. *Entonces aprenderán a conocer la voluntad de Dios para ustedes*, la cual es buena, agradable y perfecta. (Romanos 12:2, énfasis añadido)

Dios tiene una voluntad para ti que es «buena, agradable y perfecta». Para conocerla, no tienes que «imitar las conductas ni las costumbres de este mundo». Su voz debe sobresalir por encima de las voces de la sociedad. Dios quiere que seamos distintos. No raros. No peculiares. Nuestra meta no es mezclarnos, sino mirar hacia arriba.

Más adelante, Dios les dijo a los hebreos: «No imites la maldad de las mayorías» (Éxodo 23:2, NVI).

Seguir a la mayoría puede llevar a una persona a caer por el precipicio. Tan solo pregunta a los pastores turcos que cuidaban cerca de 1.500 ovejas que hicieron exactamente eso. Por alguna razón indeterminada, una sola oveja saltó la valla. A esa oveja le siguió una segunda, después una docena, luego varias docenas, y se armó el caos. No había nada que los pastores pudieran hacer. Casi 1.500 animales saltaron y 450 murieron.[1] Las otras también habrían muerto, pero cayeron sobre los cuerpos de las primeras que se habían tirado.

No imites las conductas

ni las costumbres de este

mundo. No puedes oír al

Espíritu si estás escuchando

a las personas. No puedes

volar como un águila si estás

corriendo con ovejas necias.

Esas ovejas no pensaron. Si lo hubieran hecho, dirían para sí: «Bueno, las que saltaron parecían necias, pero no es probable que haya cuatrocientas ovejas equivocadas, ¿cierto?». Sí, es probable. Y pasa lo mismo con las personas. No imites las conductas ni las costumbres de este mundo. No puedes oír al Espíritu si estás escuchando a las personas. No puedes volar como un águila si estás corriendo con ovejas necias.

Si quieres oír a Dios, la primera pregunta que tienes que hacerte no es «¿Qué debería hacer?», sino «¿A quién escucharé? ¿Quién tiene autoridad? ¿Quién está al mando de mi vida?». Si la respuesta es «la gente», no discernirás la dirección de Dios. Si la respuesta es las personalidades de la televisión, no discernirás la voluntad de Dios para tu vida. Añade a esa lista los horóscopos, los quirománticos y las cartas del tarot. Si estás siguiendo las estrellas, no estás siguiendo al Hijo. «Pues todos los que son guiados por el Espíritu de Dios son hijos de Dios» (Romanos 8:14).

Deja de seguir a una cultura que no sigue a Dios y...

Empieza a escuchar al Espíritu, que habla por Dios.

En aquel viaje por el desierto llegó un momento maravilloso. La posición de las columnas de nube y de fuego cambió. Dios le ordenó a Moisés que levantara un tabernáculo en el que él pudiera morar. Cuando se terminó ese proyecto, la nube majestuosa que los había cubierto descendió de lo alto y entró en el lugar santo. «Entonces una nube cubrió el tabernáculo de reunión, y la gloria de Jehová llenó el tabernáculo» (Éxodo 40:34, RVR1960). La presencia de Dios se inclinó desde los cielos y se asentó entre los querubines del propiciatorio del arca del pacto. A partir de entonces, Dios dejó de estar a la distancia. Ahora estaba entre su pueblo.

Mi imaginación evoca la visión de la nube y el fuego entremezclándose y después descendiendo como un ciclón, dando vueltas hasta que el movimiento se detuvo directamente sobre el tabernáculo. A partir de ese momento, cada israelita podía señalar al tabernáculo y decir: «Dios está ahí».

Con esa imagen presente, te pido que señales con el dedo a tu corazón y digas: «Dios está aquí». El día que decidiste seguir a Jesús, se produjo un milagro invisible. El Espíritu Santo descendió del cielo, como un ciclón quizá, girando sin parar hasta el momento en que el movimiento se detuvo directamente sobre tu cuerpo. Él estableció su residencia dentro de ti y te convertiste en su lugar de morada.

Esa era la promesa de Jesús: «El Espíritu de verdad [...] vive con ustedes y estará en ustedes [...] El que me ama, obedecerá mi palabra, y mi Padre lo amará, y haremos nuestra morada en él» (Juan 14:17, 23, NVI).

Él convirtió tu corazón en su tabernáculo. «¿No saben que ustedes son templo de Dios y que el Espíritu de Dios habita en ustedes?» (1 Corintios 3:16, NVI).

El Espíritu de Dios habita dentro de ti. El Espíritu se mueve dentro de nosotros para guiarnos y lo hace con dos herramientas: la palabra y la voz.

«Tomen el casco de la salvación y la espada del Espíritu, que es la palabra de Dios» (Efesios 6:17, NVI). La principal herramienta de comunicación del Espíritu Santo es la Biblia. Él nos habla a través de las Escrituras. Su voluntad se encuentra en su Palabra: «Tu palabra es una lámpara que guía mis pies y una luz para mi camino» (Salmos 119:105).

La multitud dice: tu valor depende de tu patrimonio.

Las Escrituras dicen: eres importante porque Dios te creó (Efesios 2:8-10).

La multitud dice: haz lo que quieras. No te hará daño.

La Biblia dice: «Delante de cada persona hay un camino que parece correcto, pero termina en muerte» (Proverbios 14:12).

> La principal herramienta de comunicación del Espíritu Santo es la Biblia. Él nos habla a través de las Escrituras.

La multitud dice: si Dios existe, no se interesa por nosotros.

Las Escrituras dicen: «Pues Dios amó tanto al mundo que dio a su único Hijo, para que todo el que crea en él no se pierda, sino que tenga vida eterna» (Juan 3:16).

Las Escrituras tienen una respuesta para cada problema que enfrentes. La Biblia no solo es inspiracional, sino también extremadamente práctica.

Tengo un ejemplo del tiempo que pasé en Sudamérica. Como misioneros, no sabíamos si teníamos que pagar impuestos al gobierno de Brasil. Nuestro sueldo llegaba de los Estados Unidos, así que técnicamente no estaba sujeto a impuestos. Sin embargo, vivíamos en Brasil, usando servicios y carreteras. ¿No debíamos pagar impuestos? Cuando miré a ver si la Biblia tenía algo que decir sobre esta pregunta peculiar y concreta de mi situación, descubrí una historia de lo más interesante. En una ocasión, Jesús le dijo a Pedro que, como judíos, realmente no estaban obligados a pagar impuestos a los romanos.

Sin embargo, no queremos que se ofendan, así que desciende al lago y echa el anzuelo. Abre la boca del primer pez que saques y allí encontrarás una gran moneda de plata. Tómala y paga mi impuesto y el tuyo. (Mateo 17:27).

¿Quién se lo hubiera imaginado? El Espíritu Santo usó la Palabra de Dios para darme una respuesta a mi pregunta. ¡Así que me fui a pescar! Es broma. Yo ya tenía la moneda; solo tenía que saber si debía darla o no. Él también te guiará a ti. Acude primero a la palabra.

Después acude a la voz.

La voz puede ser tu intuición interior, el «conocimiento» que se produce cuando las Escrituras interactúan con el Espíritu. Quizá la voz sea un consejo sabio, un sueño o una visión.

Hubo una ocasión en la que el apóstol Pablo y sus compañeros intentaron entrar en una ciudad, «pero el Espíritu no se lo permitió»

(Hechos 16:7, RVR1960). Poco después, «se le mostró a Pablo una visión de noche: un varón macedonio estaba en pie, rogándole y diciendo: Pasa a Macedonia y ayúdanos» (v. 9, RVR1960). Pablo obedeció. Una mujer llamada Lidia fue bautizada y Europa tuvo su primera convertida.

Hubo una ocasión en la que los líderes de la iglesia en Antioquía estaban buscando la voluntad de Dios. «Cierto día, mientras estos hombres adoraban al Señor y ayunaban, el Espíritu Santo dijo: "Designen a Bernabé y a Saulo para el trabajo especial al cual los he llamado". Así que, después de pasar más tiempo en ayuno y oración, les impusieron las manos y los enviaron» (Hechos 13:2-3).

¿De qué manera oyeron ellos la voz del Espíritu? No lo sé. ¿Fue una voz audible? No lo sé. ¿Habló el Espíritu a través de un líder a los demás? No lo sé. ¿Las nubes del cielo tomaron forma de letras y formaron una palabra? No lo sé.

Lo que sí sé es esto: el Espíritu habló. Y lo sigue haciendo.

Por lo tanto, habla con él. Pídele que te guíe, busca su voluntad y después escucha. Espera una respuesta. A medida que lo seguimos, comenzamos a discernir su voz. Yo he observado que él me habla con frecuencia a través de mis propios pensamientos. Eso no es algo sorprendente, porque él es dueño de mi mente. Mi cuerpo es su templo, así que no debería sorprenderme que su respuesta a mi pregunta llegue en una forma que yo pueda entender.

La frase «guiado por el Espíritu Santo» es muy alegre. El Espíritu no nos dirige como los vaqueros al ganado. Él nos guía delicadamente como un pastor dirige a su rebaño de ovejas. ¡Las Escrituras hacen referencia a Dios como nuestro Pastor más de doscientas veces! Él está más comprometido a guiarnos que nosotros a seguirle. ¡Así que serénate! Si no sientes su guía, vuelve a pedirla.

«Fíate de Jehová de todo tu corazón, y no te apoyes en tu propia prudencia» (Proverbios 3:5, RVR1960). Él es totalmente capaz de guiarte donde quiere que tú vayas.

Quizá use un impulso, una conciencia intranquila, un recordatorio de la Escritura. El Espíritu habla primero a través de la palabra. Quizá la complemente con una voz. Pero quizá la palabra sea suficiente.

No cometas el error que un sujeto cometió con la panadería. Le dijo a su esposa que iba a dejar de hacer su parada diaria para comprar donas. Ella se sorprendió cuando él llegó más tarde a casa, ese mismo día, con una docena de donas recién hechas.

—Creía que ya no ibas a detenerte en la panadería.

—No me detuve —le explicó él—, pero mientras pasaba por allí, sentí el impulso de entrar. Oré diciendo: *Señor, ¿debería comprar unas donas? Voy a darle la vuelta con el automóvil a la panadería. Si tengo que comprarlas, que encuentre un sitio para estacionar.*

—Cariño —continuó él—, pues resulta que había un sitio para estacionar. Tuve que dar diez vueltas a la panadería, pero encontré un estacionamiento.

No manipules las circunstancias hasta que digan lo que tú quieres oír.

Acude primero a la palabra. Él nunca contradice su Palabra. ¿Estás buscando dirección? Abre tu Biblia. ¿Necesitas guía? Abre tu Biblia. ¿Estás en una encrucijada de la vida? Abre tu Biblia. Cuando abres tu Biblia, Dios abre su boca.

La palabra y la voz. El Espíritu usa ambas cosas para guiarnos a la tierra prometida. Dios está llamando. Sigue escuchando. Él creó el juego de la vida y está feliz de enseñarnos cómo jugar.

CAPÍTULO 8

Alma encendida

El Espíritu como una llama

Yo a la verdad os bautizo en agua; pero viene uno más poderoso que yo [...] él os bautizará en Espíritu Santo y fuego.
—Lucas 3:16, rvr1960

Brad Haugh aún recuerda el sonido del palpitar de su corazón. Resonaba en su pecho. Doscientas palpitaciones por minuto. Con fuego a sus espaldas y una cumbre por delante, este bombero forestal necesitaba cada latido de poder que su corazón pudiera darle para escapar y salvar su vida.

Era uno de los cuarenta y nueve bomberos atrapados en un incendio incontrolado en la ladera de la montaña Storm King, a once kilómetros al oeste de Glenwood Springs, Colorado. Catorce de ellos perdieron la vida. Les invadieron las llamas, que Haugh calculó que llegaron a alcanzar noventa metros de altura. El muro de calor solo tardó dos minutos en recorrer cuatrocientos metros montaña arriba, alcanzando una velocidad de treinta kilómetros por hora. Las temperaturas subieron hasta los mil grados centígrados, calor suficiente como para incinerar las herramientas que encontraba a su paso.

«La gente gritaba por sus radios: "¡Corran! ¡Corran! ¡Corran!". Yo estaba apenas a cuarenta y cinco metros de la cima de la colina y el fuego llegó allí en diez o doce segundos. Conseguí llegar a la cima y me tiré rodando cuesta abajo por el otro lado de la colina, y cuando di la vuelta solo podía ver esa increíble pared de llamas».[1]

Pocos de nosotros nos veremos alguna vez intentando escapar de un fuego, pero todos hemos tenido encuentros con ese elemento. Hemos puesto las manos frías sobre la fogata en un campamento. Hemos sostenido una antorcha encendida en la oscuridad de la noche. Hemos prendido la llama azul del gas de la cocina y contemplado el resplandor rojizo del metal. El fuego es parte de la vida. Por esa razón, cuando el fuego y el Espíritu Santo aparecen en la misma frase, debemos tomar nota.

«Él los bautizará con el Espíritu Santo y con fuego» (Mateo 3:11). Así es como Juan el Bautista presentó a su primo al mundo. Podríamos haber esperado una perspectiva un poco más positiva, como: «Él los bautizará con sentimientos de felicidad». «Él aumentará su autoestima para que se sientan bien con ustedes mismos». «Él hará que les resulte más fácil tener amigos y lidiar con el conflicto». ¿Pero bautizarlos con el Espíritu Santo y fuego? Esa fue la descripción de trabajo de Jesús.

Las palabras se hacen eco de la profecía del último libro del Antiguo Testamento.

> Porque él es como fuego purificador, y como jabón de lavadores. Y se sentará para afinar y limpiar la plata; porque limpiará a los hijos de Leví, los afinará como a oro y como a plata, y traerán a Jehová ofrenda en justicia. (Malaquías 3:2-3, RVR1960)

El cielo llega cargado de calor. Y este calor, como veremos, es bueno para el corazón.

Por favor, observa que Jesús es el dador del fuego del Espíritu Santo. «Él los bautizará». El lenguaje griego enfatiza el papel exclusivo diciendo «él mismo» (*autos*). ¿Deseas el Espíritu? Entonces acude a Cristo. Recíbelo como Salvador y Señor, y él te «bautizará» con el Espíritu.

Él te zambullirá, te meterá de lleno y te sumergirá en el mismo ser del Espíritu. Así como Jesús salió del río Jordán empapado de agua, también nosotros nos adentramos en el mundo empapados del Espíritu del cielo. Ni un cabello de nuestra cabeza se queda fuera del proceso. Cada parte de nuestro ser, de arriba a abajo, está diseñada para ser bendecida por el Espíritu Santo y con fuego.

El alma bautizada en el Espíritu es un alma encendida.

El fuego es una reacción química que libera energía en forma de luz y calor. En el caso de un fuego con leña, la energía se derivaba originalmente del sol y se almacenaba en la planta como celulosa y lignina. El calor de otro fuego o de un rayo convierte la celulosa en gases inflamables, que salen de la madera y se combinan con el oxígeno. Si hay aire suficiente, combustible y calor, el fuego seguirá avanzando.

> El alma bautizada en el Espíritu es un alma encendida.

¿No se podría decir algo parecido del Espíritu de Dios? Si lo dejamos hacer su trabajo, él no se demorará, no se apagará, no será sofocado.

Sin embargo, esta llama nunca tiene la intención de hacernos daño, todo lo contrario. Todo lo bueno de un fuego se puede contar como una bendición del Espíritu Santo.

El fuego es una fuerza purificadora. Mi mamá, que es enfermera, nos enseñó este principio cuando éramos muy jóvenes. Ella usaba una aguja para sacarnos alguna espina o púa de alguna herida. Lo hacía después de haber puesto la punta de la aguja en el fuego de una cerilla. «Es para matar los gérmenes», nos explicaba. El fuego hace eso: purifica.

El Espíritu Santo es el purificador por excelencia. Viene a erradicar lo manchado del vaso. ¿Estamos preparados para servir como templo del Espíritu Santo? Necesitamos la obra limpiadora y santificadora del cielo a fin de prepararnos para esa tarea. Por lo tanto, el Espíritu viene no solo para purificar, sino también para embellecer; no solo para limpiar, sino también para adornar.

Este fuego refinador no siempre es agradable. Puede llegar en forma de disciplina o decepción, revés o pérdida. Sin embargo, el fuego del Espíritu produce el mejor bien. ¿No vemos esto en la naturaleza? La Fundación Forestal Americana enumera varios beneficios de los incendios forestales. Los incendios...

- liberan semillas o fomentan el crecimiento de ciertas especies de árboles, como el pino contorto;
- eliminan árboles muertos, hojas y vegetación perjudiciales para los bosques a fin de que puedan crecer nuevas plantas;
- descomponen y devuelven los nutrientes a la tierra;
- eliminan árboles débiles o enfermos, dejando más espacio y nutrientes para árboles más fuertes;
- mantienen las arboledas delgadas y abiertas, dejando que entre más luz solar para que los árboles estén más sanos; y
- mejoran el hábitat salvaje.[2]

Un fuego, supervisado y contenido, deriva en un bien mayor para la vegetación. Cuando Jesús nos bautiza con el fuego del Espíritu, es para que podamos dar un fruto mejor y más abundante para él.

Acoge a este fuego refinador. Invítalo a terminar esta obra en tu corazón. «Aunque por fuera nos vamos desgastando, por dentro nos vamos renovando día tras día» (2 Corintios 4:16, NVI). En la siguiente vida, tu corazón habrá sido refinado de toda basura. Celos, ni rastro. Avaricia, ni rastro. Culpa, ni rastro. Lamentos, ansiedad y orgullo, desaparecidos para siempre. Este tiempo en la tierra es de preparación, y el agente preparador de Dios es el Espíritu. Déjalo que haga su obra en ti.

No hagas con tu alma lo que solía hacer con mis camisas. Mi primer trabajo al salir del seminario fue de pastor interino en St. Louis, Missouri.

Compartía un apartamento con otros dos hombres solteros. Nuestras habilidades en las labores domésticas dejaban mucho que desear. Se supone que debíamos llevar un abrigo y corbata cuando representábamos a la iglesia y a los pasantes. Yo tenía un abrigo deportivo y un par de camisas de vestir, las cuales estaban muy desgastadas por el uso. Mi presupuesto era demasiado apretado como para llevarlas a la lavandería, así que aprendí a lavar y planchar yo mismo las camisas. Uno de mis compañeros de piso se dio cuenta de lo mucho que tardaba en planchar la camisa y me enseñó su truco. Planchar solo las partes que se ven. Bajo su tutelaje, dominé el arte de planchar los puños y el cuello de mis camisas. Si alguien me hubiera pedido que me quitara el abrigo, habría visto una camisa toda arrugada como una hoja de papel hecha una bola.

El Espíritu de Jesús no fallará al alisarnos. Él quiere acceso a cada centímetro de nuestra alma. No hay nada oculto para él. Haz de lo siguiente una parte de tu oración diaria: «Examíname, oh Dios, y conoce mi corazón; pruébame y conoce los pensamientos que me inquietan. Señálame cualquier cosa en mí que te ofenda y guíame por el camino de la vida eterna» (Salmos 139:23-24).

El Espíritu, como una plancha caliente, puede alisar las áreas arrugadas de tu vida para que no tengas necesidad de esconderlas.

Él te dará el poder sobre las luchas del pecado. Muchos cristianos pueden identificarse con estas palabras del apóstol Pablo: «¡Soy un pobre desgraciado! ¿Quién me libertará de esta vida dominada por el pecado y la muerte?» (Romanos 7:24).

Esta confesión aleccionadora es el signo de exclamación que le recordaba al apóstol su vida antes de Cristo. Cada día era uno de derrota. Muchas personas se sienten de ese modo. Suponen que las tentaciones de hoy no desaparecen, y que la vida es una batalla frontal contra los vientos adversos del fracaso y el temor.

Si piensas así, observa lo que dice Pablo justo unos versículos después. Romanos 8 es la frase liberadora más grande de Pablo. En contraste con el capítulo previo, él habla de victoria, seguridad y gracia. ¿La diferencia?

El capítulo 7 era la vida bajo la antigua ley (v. 9). El capítulo 8 es la vida en el Espíritu. En el capítulo 7 el pronombre «yo» aparece veintisiete veces, y el Espíritu Santo se menciona solo una vez. En el capítulo 8 el pronombre «yo» solo aparece doce veces y hay veintidós referencias al Espíritu Santo.[3] ¿El punto? La victoria sobre el pecado es el resultado de la presencia del Espíritu de Dios en nuestro interior.

¿Qué capítulo se parece más a tu vida? ¿Dependes del «yo»? ¿O de «él»? «No apaguen el fuego del Espíritu» (1 Tesalonicenses 5:19, DHH). No apagues su fuego al menospreciar su presencia o resistiéndote a su guía.

El fuego derrite el gélido hielo del invierno. El fuego del Espíritu hace lo mismo. Sin el Espíritu Santo, tendemos a endurecernos. Necesitamos su presencia para descongelar nuestros resistentes corazones. A medida que él haga brillar su luz, podrás amar a las personas a las que solías rechazar. ¿Esos viejos prejuicios y actitudes racistas? Ya no permanecerán ahí debajo del calor de aquel que ama a toda la humanidad. Tú, como el Espíritu, sentirás una carga por los perdidos de otros países, personas iletradas de otras lenguas. Tendrás una mayor compasión y bondad, todo porque el Espíritu irradió su calor a través de ti.

Quizá la mayor característica del fuego es esta: la energía. Es el secreto de la corriente eléctrica. Ha empoderado incontables motores de carbón y ha impulsado demasiadas estufas como para poder contarlas. El fuego combustiona. El fuego enciende. El fuego mueve las cosas.

¿Y el Espíritu? ¿No nos mueve a nosotros? «Recibiréis poder», prometió Jesús, «cuando haya venido sobre vosotros el Espíritu Santo» (Hechos 1:8, RVR1960).

Dios no quiere que nos conformemos con darle nuestro mejor esfuerzo. Quiere que lo veamos a él como la fuente de nuestro esfuerzo. No intentamos obrar con todas nuestras fuerzas y después acudimos a Dios. Acudimos a Dios y confiamos en que él haga el trabajo por nosotros y en nosotros. «Pues todo lo puedo hacer por medio de Cristo, quien me da las fuerzas» (Filipenses 4:13).

El Espíritu, como una
plancha caliente, puede
alisar las áreas arrugadas de
tu vida para que no tengas
necesidad de esconderlas.

La fuerza más grande del universo actuará dentro de ti a fin de darte el poder que necesitas para ser cada vez más semejante a él. Él te hará santo, en un instante, y te hará más santo a lo largo de toda tu vida.

Cuando el fuego en el interior parezca extinguirse, ¿qué podemos hacer? Una de las respuestas más prácticas tiene que ver con la importancia de la iglesia.

En su libro sobre el Espíritu Santo, Anne Graham Lotz habla respecto de un joven que regresó de la universidad y fue a visitar a su pastor. Los dos entraron en el acogedor estudio del ministro y charlaron sobre la vida del joven en la universidad, acerca de sus nuevos amigos y sus clases. El pastor le preguntó al estudiante si había encontrado alguna iglesia a la que asistir. «No, señor», contestó el joven, «ya no siento la necesidad de ir a una iglesia. Mi fe es lo suficientemente fuerte como para estar sin ella, y con mis estudios y actividades no encuentro el tiempo para hacerlo».

El pastor no dijo nada pero se acercó, sacó un tronco de la chimenea, y lo dejó allí al lado. Se reclinó de nuevo sobre su silla, juntó sus manos y permaneció callado. Tras varios momentos, el estudiante supuso que el pastor se había dormido, así que se levantó para irse.

«¿Pensabas que me había dormido?», preguntó el hombre, que era mayor. «Solo estaba observando el tronco que saqué de la chimenea. ¿Te diste cuenta? Cuando estaba en el fuego con los otros troncos, ardía con fuerza, pero ahora que lo he separado, ya no arde. Hijo, tú eres como ese tronco. Si esperas que tu fe se mantenga encendida, necesitas estar en comunión con otros creyentes».[4]

La iglesia está muy lejos de ser perfecta. Aun así, ella es la hoguera que Dios usa para mantenernos encendidos. «Pensemos en maneras de motivarnos unos a otros a realizar actos de amor y buenas acciones. Y no dejemos de congregarnos, como lo hacen algunos, sino animémonos unos a otros, sobre todo ahora que el día de su regreso se acerca» (Hebreos 10:24-25).

Hay un último atributo del fuego que nos recuerda al Espíritu Santo. El fuego es un elemento de protección. El pastor oriental rodea a su redil por la noche con un círculo de fuego, el cual mantiene lejos a las bestias salvajes y seguras a las ovejas que están dentro. Así, Dios dice: «En torno suyo [...] seré un muro de fuego, y dentro de ella seré su gloria» (Zacarías 2:5, NVI).

El fuego del Espíritu evita mil tentaciones. Él te ama demasiado como para dejarte sin protección. El maligno puede verte, pero no puede tocarte. Quizá te enseñe sus colmillos, pero no los clavará en tu piel. El Espíritu es la artillería que te rodea, desafiando a los demonios y sus maniobras.

Dale la bienvenida a su ayuda. Él te purificará, te refinará, te vigorizará y te protegerá.

Nadie puede hacer más que él.

CAPÍTULO 9

Huellas aceitosas

El Espíritu como aceite de la unción

*Me refiero a Jesús de Nazaret: cómo lo ungió
Dios con el Espíritu Santo y con poder.*
—Hechos 10:38, nvi

*Dios ha derramado su amor en nuestro corazón
por el Espíritu Santo que nos ha dado.*
—Romanos 5:5, nvi

Cierto día llegué a casa y encontré una fragancia muy agradable. «Cariño, ¿a qué huele?». El aroma hizo que me detuviera en seco. Era como un perro Labrador cazando algo, olfateando el aire.

Denalyn estaba impresionada, ya que no suelo darme cuenta de los olores. La verdad es que no me doy cuenta de nada. Tengo las mismas habilidades observadoras de un topo. Es probable que Denalyn reorganice los muebles y, si no me advierte, me siente en una mesita de café que ahora se encuentra donde solía estar una silla. Ella está trabajando en un libro titulado *Me casé con un hombre de las cavernas*. Mi cerebro tiene una sección de detección de detalles muy débil, pero ese día cobró vida.

—Esa fragancia es muy agradable —le dije.

El aroma no era olor a comida; ella no estaba cocinando. No era perfume; ella nunca lo usa. Era, bueno, era la fragancia de un bosque en una fresca mañana de otoño. Entonces me hizo pensar en un carrito de especias de un mercado. ¿O era el olor del océano? No podía identificar la fuente.

—Denalyn, ¿compraste flores frescas?

Ella sonrió.

—No, compré unos aceites.

¿Aceites? Conozco los aceites. Soy hijo de un mecánico. Yo era incluso el que cambiaba el aceite de nuestros automóviles.

—¿Compraste Valvoline?

Era el hombre de las cavernas quien hablaba.

Ella sacó un bolso lleno de frasquitos. Mirra, lavanda, casia, nardo, canela, sándalo. Alguien podría pensar que se había hecho amiga de algún mercader en los caminos alternos de Jerusalén. Los había esparcido por nuestra casa. Se los había aplicado en la piel, incluso había puesto unas gotas en su agua.

—He estado poniendo un poco también en la tuya. (El hombre de las cavernas no se había dado cuenta).

Resultó que ella había estado estudiando los aceites esenciales. Se consideran los productos de salud naturales más antiguos. Durante varios miles de años, personas de todo el mundo han extraído esos líquidos de plantas, flores y frutos. Aparentemente nos ayudan a dormir, relajarnos, hacer la digestión, enfocarnos y mantenernos con vigor.

¿Realmente nos ayudan los aceites? Yo no soy ningún experto. Sin embargo, ¿nos ayudan los aceites a entender el poder vigorizante del Espíritu Santo? Apuéstate tu canela dulce a que sí. Ungir con aceite es a menudo un símbolo de la presencia del Espíritu de Dios.

¿Recuerdas la historia de David? «Samuel tomó el frasco de aceite de oliva que había traído y ungió a David con el aceite. Y el Espíritu del SEÑOR vino con gran poder sobre David a partir de ese día» (1 Samuel 16:13).

Dios le dio esta instrucción a Elías: «Unge a Eliseo, hijo de Safat, de la tierra de Abel-mehola, para que tome tu lugar como mi profeta» (1 Reyes 19:16).

Dios le dijo a Moisés: «Viste a tu hermano Aarón y a sus hijos con estas vestiduras, y luego úngelos y ordénalos [...] limpia el altar purificándolo; unge el altar con aceite para consagrarlo» (Éxodo 28:41; 29:36).

Esta estrofa de adoración se le ofreció a Jesús: «Por eso, oh Dios, tu Dios te ha ungido derramando el aceite de alegría sobre ti más que sobre cualquier otro» (Hebreos 1:9).

Jesús comenzó su ministerio anunciando: «El Espíritu del Señor está sobre mí, porque me ha ungido» (Lucas 4:18).

¿Puedes ver la interacción entre el aceite, la unción y el Espíritu Santo? El aceite de la unción es una metáfora del Espíritu de Dios. «Dios es el que nos mantiene firmes en Cristo, tanto a nosotros como a ustedes. *Él nos ungió*, nos selló como propiedad suya y puso su Espíritu en nuestro corazón como garantía de sus promesas» (2 Corintios 1:21-22, NVI, énfasis añadido). Dios derramó sobre ti no el aceite que mi esposa guarda en un cajón, sino el aceite del Espíritu Santo que provee poder y sanidad del corazón.

Tu vida ha sido consagrada, dedicada y ungida con el Espíritu Santo de Dios. ¿Acaso no fue esa la promesa de Dios?

En los últimos días —dice Dios—, derramaré mi Espíritu sobre toda la gente. (Hechos 2:17)

El verbo *derramar* merece ser destacado. Dios no reparte el Espíritu con cuentagotas ni con una cuchara de servir. Este verbo no sugiere una pizca, echar unas gotitas, salpicar ni un goteo ocasional. «Nos salvó mediante el lavamiento [...] por el Espíritu Santo, el cual fue *derramado abundantemente*» (Tito 3:5-6, NVI, énfasis añadido). Él nos empapa de sí mismo. Él hace con nosotros lo que le dijo a Moisés que hiciera con Aarón. «Luego úngelo derramando el aceite de la unción sobre su cabeza» (Éxodo 29:7).

La era de este mandato fue alrededor del año 1300 a. C. Dos millones de hebreos finalmente fueron liberados de la cautividad egipcia. Había nacido una civilización. A través de Moisés, Dios instruyó a los israelitas sobre cada detalle de la vida, especialmente los del tabernáculo, el cual anunciaba el templo.

Aarón y sus hijos fueron elegidos para servir como sacerdotes. Su ordenación no habría podido ser más compleja. Tocados especiales, túnicas y vestiduras se habían cosido. Y después, cuando se terminó todo, Dios le dio esta instrucción a Moisés.

Recoge especias selectas —seis kilos de mirra pura; tres kilos de canela aromática; tres kilos de cálamo aromático; y seis kilos de casia— calculado según el peso del siclo del santuario. Consigue también cuatro litros de aceite de oliva. Con la misma técnica que emplea un experto fabricante de incienso, combina estos ingredientes para elaborar el aceite sagrado de la unción. (Éxodo 30:23-25)

Le mostré este pasaje a nuestra residente experta en aceite. «Denalyn», le dije, «repitamos este mejunje. ¿Dónde podemos comprar seis kilos de mirra, tres kilos de canela, tres kilos de cálamo y seis kilos de casia?».

Ella me miró con esa expresión que dice: «Me casé con un hombre de las cavernas», y me explicó que solo la mirra costaría 3.000 dólares.

Bueno, quizá podríamos al menos calcular la cantidad usada. Convertimos las medidas que indica la Biblia en el equivalente líquido: litros en vez de kilos. Después calculamos la cantidad total de aceite prescrito. Era prácticamente el equivalente a 23 litros. Visualicé un recipiente de 20 litros de agua fría que se vació sobre el entrenador de futbol cuando ganó. No era una cantidad pequeña de aceite.

A Moisés se le dijo que lo derramara sobre los utensilios del tabernáculo para que quedaran «empapados de santidad» (Éxodo 30:29, THE MESSAGE, traducción libre).

Después había que ungir a Aarón y a sus hijos. «El aceite de la unción [...] se derramó sobre la cabeza de Aarón [...] corrió por su barba hasta llegar al borde de su túnica» (Salmos 133:2). ¡A ese hombre lo marinaron! El aceite saturó su barba, se infiltró hasta los poros de su piel. Humedeció su cabello, le cayó por el centro de la espalda y goteó por el borde de su túnica hasta el suelo. Probablemente su esposa detectó la fragancia a una manzana de distancia. «Aarón, olimos que llegabas».

El aceite no solo cambió su olor; también demarcó su tarea. «Unge a Aarón y a sus hijos, y conságralos para que me sirvan como sacerdotes» (Éxodo 30:30, NVI). Fueron consagrados para un propósito. Llevaban sobre ellos el favor especial de Dios. Portaban una autoridad única. ¿Te imaginas cómo debían sentirse?

Espero que lo imagines, porque sobre ti hay una unción incluso mayor. ¿Entiendes lo que ocurrió el día de tu conversión? Sí, la gracia te cubrió. Sí, la tienda de la soberanía de Dios fue puesta sobre ti. Sí, el camino al cielo se abrió delante de ti. Y sí, sí, sí, fuiste ungido con el Espíritu Santo. Has sido consagrado para un trabajo santo.

> Pero ustedes no son así [has sido apartado, especialmente dotado y preparado por el Espíritu Santo], porque el Santo les ha dado su Espíritu, y todos ustedes conocen la verdad [que nos enseña, ilumina nuestra mente y nos guarda del error]. (1 Juan 2:20)

Desde la perspectiva del cielo, el don del Espíritu es el mayor don imaginable. En una impactante declaración, Jesús les dijo a sus seguidores que les convenía que él se fuera (Juan 16:7). Su marcha daría paso a la llegada del Espíritu. Estoy imaginándome algunos ceños fruncidos en los rostros de los discípulos. ¿Qué podía ser mejor que la presencia de Jesús junto a ellos? Poder hacerle preguntas a Jesús, escuchar sus enseñanzas, ver sus acciones. Que Jesús esté cerca de ti. ¿Podría haber algo mejor?

Sí que puede haberlo: el Espíritu dentro de ti.

Jesús estaba limitado a un cuerpo físico. Solo podía estar en un lugar a la vez. El Espíritu Santo, sin embargo, es ilimitado. Él puede estar en todo lugar a la vez. Jesús era una fuerza circunscrita; el Espíritu es una fuerza global. ¡No hay lugar donde él no esté!

> ¿A dónde podría alejarme de tu Espíritu? ¿A dónde podría huir de tu presencia? Si subiera al cielo, allí estás tú; si tendiera mi lecho en el fondo del abismo, también estás allí. (Salmos 139:7-8, NVI)

Dios te ha colmado tanto con su Espíritu, que nunca estarás en un lugar donde el Espíritu no esté. Dios ha decretado que eres especial para él. Eres único entre la gente. Eres parte de su sacerdocio (1 Pedro 2:5). Él te ha empapado de sí mismo.

Disfruta de esta bendición.

No te midas en base a los centímetros de tu cintura, los metros cuadrados de tu casa, el color de tu piel, la etiqueta de tu ropa, los premios ni la ausencia de barritos en la cara. Tú estás por encima de todo eso. Tú no eres la suma total de tu salario o de tus seguidores de Instagram. Tu valor no depende del automóvil que conduzcas ni de las joyas que uses. Tú has sido ungido por el Espíritu Santo. Esa unción lo cambia todo.

En el verano de 1871 dos mujeres de la congregación de Dwight L. Moody sintieron una carga inusual de orar por él «para que el Señor le diera el bautismo del Espíritu Santo y fuego». Moody las había visto orando en el primer banco de su iglesia y estaba molesto. Pero enseguida cedió y, en septiembre, comenzó a orar con ellas cada viernes en la tarde. Él sentía como si su ministerio se hubiera convertido en un címbalo resonante con poco poder. El 24 de noviembre de 1871, el edificio de la iglesia de Moody quedó destruido en el gran incendio de Chicago. Así que viajó a Nueva York en busca de ayuda económica. Día y noche caminaba por las calles, desesperado por el toque del poder de Dios a su vida. Entonces, de repente…

> un día, en la ciudad de Nueva York —¡ah qué día!— no lo puedo describir, raras veces lo menciono; es una experiencia casi demasiado

sagrada como para nombrarla [...] Solo puedo decir que Dios se reveló a mí, y experimenté su amor de tal manera que tuve que pedirle que alejara su mano. Volví a predicar. Los sermones no eran distintos; no presenté ninguna verdad nueva y, sin embargo, cientos de personas se convertían. No volvería ahora al lugar en el que estaba antes de esa bendita experiencia ni aunque me dieran todo el mundo, pues sería como una brizna de polvo en la balanza.[1]

Dios nos ofrece esa unción a todos nosotros. Cuando oras, predicas, profetizas o vives tu fe, estás empoderado por la presencia del Espíritu Santo. Apóyate en él. Tú te cansas, pero el Espíritu no se cansa nunca. Tu entendimiento es limitado, pero el Espíritu tiene una sabiduría inescrutable. Tú no puedes ver el futuro, pero el Espíritu está tan presente en el mañana como lo está hoy. Quizá las circunstancias te dejen perplejo, pero el Espíritu nunca se desconcierta, no se aturde ni se confunde. Y, puesto que está en ti, tienes un poder que nunca habrías tenido sin él.

Yo me apoyé en esta promesa hace unos días. Un amigo mío estuvo una hora describiendo su frustración con su padre. Los dos trabajan juntos en el mismo negocio y el padre ha tomado algunas decisiones cuestionables. Mi amigo estaba muy contrariado y yo confundido. No se había perdido dinero ni se habían desperdiciado oportunidades. ¿Por qué estaba tan alterado?

No sabía qué decir, así que oré mientras lo escuchaba: *Señor, ¿qué sucede aquí? ¿Por qué mi amigo está tan molesto?*

Una palabra vino a mi mente. *Pena.* «*Eso es*», me dije a mí mismo. Y entonces le dije a mi amigo: «Tú no estás enojado con tu padre. Estás apenado por su legado. El manto se está transfiriendo de sus hombros a los tuyos. La verdad es que estás triste porque lo extrañarás mucho».

Las palabras dieron en el blanco y mi amigo comenzó a llorar.

El Espíritu Santo le ministró a través de mí. Lo único que yo hice fue creer que el Espíritu estaba presente y confiar en que mi unción era suficiente para la tarea.

Haz tú lo mismo. El Espíritu te dará cualquier cosa que necesites para hacer la obra santa que te ha llamado a hacer. ¿Por qué el ministerio de Jesús fue tan poderoso? Porque Dios le dio «el Espíritu sin límites» (Juan 3:34). ¿Acaso no hará Dios lo mismo por nosotros? Él no es tacaño. Él no raciona el Espíritu en trocitos. Él no se reparte a sí mismo entre nosotros en pequeñas cantidades. ¿Avaro? No. ¿Generoso? Sí.

La oración de Pablo por los efesios es la voluntad de Dios para ti: «Pido en oración que, de sus gloriosos e inagotables recursos, *los fortalezca con poder en el ser interior por medio de su Espíritu*» (Efesios 3:16, énfasis añadido).

No menosprecies tu unción. Dios te separó para una obra especial. ¡Él derramó su Espíritu sobre ti! Recíbelo. Cree en él. Y deja huellas aceitosas dondequiera que vayas.

CAPÍTULO 10

La ola venidera

El Espíritu como un río de agua viva

Pues derramaré agua para calmar tu sed y para regar tus campos resecos; derramaré mi Espíritu sobre tus descendientes, y mi bendición sobre tus hijos. Prosperarán como la hierba bien regada, como sauces en la ribera de un río.

—Isaías 44:3-4

Una sombra se ha asentado sobre la sociedad estadounidense. La fe cristiana está en declive. La indiferencia espiritual se encuentra por todas partes. La adquisición de propiedades, el aumento de la riqueza, más posesiones: eso es lo importante para la gente. Están obsesionados con las cosas y no tienen interés en Dios. La adicción aumenta y la asistencia a la iglesia disminuye. Incluso con la población aumentando hasta un trescientos por ciento en algunas áreas con respecto a los últimos diez años, la denominación religiosa más grande reporta un declive en su membresía.

En las ocasiones poco frecuentes cuando se habla de espiritualidad, el evangelio a menudo es atacado. La autoridad de la Biblia se cuestiona, el universalismo está de repente en boga. Nadie es pecador, nadie se perderá, todos —de algún modo— serán salvos. No hay castigo eterno, y la idea del juicio es arcaica y bárbara.

Estas no son buenas noticias.

Sin embargo, estas noticias no son recientes. Parece que estuviera describiendo la situación de Estados Unidos en nuestros días, pero en verdad estoy describiendo el panorama espiritual de Estados Unidos en el siglo dieciocho.

Francis Asbury, obispo metodista, archivó este reporte tan sombrío en 1794: «[En la frontera estadounidense] ni uno entre cien vino aquí por una religión, sino más bien por un buen pedazo de tierra». Andrew Fulton, un misionero presbiteriano de Escocia que estaba de visita, reportó que «en todas las ciudades recién formadas de esta colonia occidental, solo hay algunas personas religiosas».[1]

La nación estaba sufriendo una sequía espiritual, pero entonces ocurrió algo maravilloso. La lluvia del avivamiento comenzó a caer.

Las primeras gotas cayeron en Kentucky. La iglesia Cane Ridge se reunía en un edificio modesto en la ladera de una gran colina. El pastor, un presbiteriano llamado Barton W. Stone, era uno entre las docenas de líderes eclesiales que habían estado orando por un avivamiento. Ellos se reunían periódicamente para orar y llamaban a las iglesias a juntarse para tener tiempos prolongados de Santa Cena.

Uno de esos eventos eucarísticos se celebró en Cane Ridge. El sencillo local de culto podía albergar a unas quinientas personas. Anticipando una multitud importante, los líderes levantaron una carpa grande. Rápidamente demostró ser inadecuada. La gente comenzó a llegar el 6 de agosto de 1801. Se estimó que entre diez y veinticinco mil adoradores se reunieron durante los tres días sucesivos. Llegaron en tromba desde las colinas. Llegaban en carretas, a pie, a caballo. Escuchaban un sermón, participaban de la adoración, recibían la Santa Cena y experimentaban un avivamiento personal. No había escasez de lloros, gemidos ni gritos.

La Santa Cena de Cane Ridge, dicho por un historiador, «se puede decir que fue [...] la reunión religiosa más importante de toda la historia de Estados Unidos».[2] «Inició la explosión de la religión evangélica, la cual pronto se extendió a casi cada esquina de la vida estadounidense. Durante décadas, la oración que se elevaba en las reuniones en campamentos y avivamientos por toda la tierra era: "Señor, hazlo como en Cane Ridge"».[3]

Se produjo un avivamiento espiritual. Durante la primera mitad del siglo diecinueve, la asistencia a la iglesia aumentó. Comenzaron las reformas sociales. El despertar contribuyó directamente a la abolición de la esclavitud y la defensa de los derechos de las mujeres.[4] El Segundo Gran Despertar había nacido.

¿Aspiras alguna vez a un movimiento de Dios así en nuestro tiempo? Yo también. El cristianismo está en declive en nuestro país. El número de creyentes ha descendido un doce por ciento en la última década.[5] Nuestra fe en Dios está baja mientras que sube nuestra creencia en los fantasmas.[6]

El treinta por ciento de quienes pertenecen a la generación de los mileniales [nacidos entre 1981 y 1996] dice que se sienten solos. De todos los grupos etarios encuestados, los mileniales son los que más solos se sienten. Además, el veintidós por ciento de los mileniales afirma que no tienen amigos.[7] El capítulo de la vida que debería estar marcado por las posibilidades y el optimismo está caracterizado por la soledad.

La depresión profunda va en aumento. Este incremento yace en todos los grupos etarios, pero está creciendo más rápido entre los adolescentes y los jóvenes adultos.[8] De todas las estadísticas, el aumento de suicidios es lo más alarmante. Según la información federal, el índice de suicidio en Estados Unidos es el más alto que ha habido desde la Segunda Guerra Mundial, hasta de un treinta y tres por ciento desde 1999.[9]

Una amiga me decía que ha decidido no tener hijos. No puede soportar la idea del mundo en el que viviría su hijo. Entendemos su preocupación.

Sin embargo, tenemos esta esperanza. El avivamiento puede llegar en cualquier momento. A la hora exacta, Dios abrirá las compuertas y liberará su Espíritu como un río que fluye en la sociedad. Esta fue la promesa de Jesús.

El último día del festival, el más importante, Jesús se puso de pie y gritó a la multitud: «¡Todo el que tenga sed puede venir a mí! ¡Todo el que crea en mí puede venir y beber! Pues las Escrituras declaran: "De su corazón, brotarán ríos de agua viva"». (Con la expresión «agua viva», se refería al Espíritu, el cual se le daría a todo el que creyera en él; pero el Espíritu aún no había sido dado, porque Jesús todavía no había entrado en su gloria). (Juan 7:37-39)

Jesús dijo estas palabras en un día de octubre en una Jerusalén llena de personas. La gente había colmado las calles debido a la Fiesta de los Tabernáculos, una reconstrucción anual del milagro del agua que salió de la roca con Moisés. Cada mañana durante siete días, un sacerdote llenaba de agua un recipiente dorado y lo llevaba por un camino hasta el templo lleno de personas alineadas a ambos lados. Anunciado con trompetas, el sacerdote, usando un embudo, derramaba el agua sobre la base del altar. Después, el último día —el gran día— los sacerdotes daban una vuelta alrededor del altar como en Jericó, siete veces, empapándolo con siete cuencos de agua.[10]

Puede que haya sido en ese momento cuando el rabino rural de las tierras norteñas demandó la atención de la gente. Se puso en pie. Los maestros por lo general se sentaban y hablaban, pero él no. Él tenía una gran invitación que hacer y la «gritó a la multitud». «Bébanme», dijo, «¡y fluirá de ustedes agua viva!». Y para que no nos perdamos la importancia del momento, Juan (algo que no es característico de él) ofreció un comentario propio. «Jesús se refería al Espíritu».

¡Cada palabra de su promesa es preciosa! «¡*Todo* el que tenga sed!».[11] El color de la piel no importa. El nivel de ingresos no importa. No se estudiará el trasfondo. Solo hay una condición.

«¡Todo el que *tenga sed*!». No dice «si alguno es digno, está calificado, entrenado o es maduro». Lo único que se necesita es admitir la sed. ¿Quién no cumple este criterio? El adolescente está sediento de amigos. El anciano está sediento de esperanza. El desconsolado está sediento de una segunda oportunidad. La mujer llena de vergüenza está sedienta de aceptación. Estamos sedientos: sedientos de ser felices, sedientos de tener propósito, sedientos de respuestas y fortaleza. Sedientos.

«¡Todo el que tenga sed puede venir a *mí* [...] y beber!», ofrece Jesús. ¿Podría ser más clara su indicación? Sin embargo, aunque es muy clara, nos las arreglamos para complicarla. Jesús estaba hablando en medio de un momento extremadamente religioso. Aun así, hizo la invitación: «¡Puede venir a *mí*!». Una persona podría asistir a mil eventos religiosos y no encontrar refrigerio para el alma. Solo Cristo puede saciar la sed espiritual.

La narración de C. S. Lewis nos es útil en este punto. En *Las crónicas de Narnia*, una jovencita llamada Jill entra en un país extraño y maravilloso. Tras un tiempo vagando, busca agua. Tiene sed. Encuentra un arroyo, pero duda en beber del agua por la presencia de un León. Este le pregunta si está sedienta y ella responde que se muere de sed. «Entonces bebe», le dice León. Sin embargo, ella tiene miedo y pregunta si le importaría irse mientras ella bebe. De inmediato se da cuenta de la presunción de su petición.

Entonces le pide al León que prometa no hacerle nada si se acerca al arroyo. Él le explica que no hace promesas. Casi inquieta por la sed, le pregunta al León si alguna vez se ha comido a una niña y él responde: «Me he tragado niñas y niños, mujeres y hombres, reyes y emperadores, ciudades y reinos».

Ella le dice al León que no se atreve a acercarse al agua y beber. Él le dice que entonces morirá de sed y la niña le responde que encontrará otro arroyo. Él replica sin lugar a dudas: «No hay más arroyos».[12]

Cristo es la única fuente.

«Puede venir y *beber*», nos invita él. No a beber un traguito. No a probar. No a tomar una muestra. Nos invita a tragar, a sorber tragos largos y refrescantes de él. Consumir a Cristo. Beber a Jesús es recibirlo en las partes más secas de nuestra vida. Al hacerlo, «brotarán ríos de agua viva».

Cuando Jesús entra, brota el Espíritu Santo. Nos convertimos en fuentes de agua viva para los que nos rodean.

Cuando Jesús entra, brota
el Espíritu Santo. Nos
convertimos en fuentes de agua
viva para los que nos rodean.

Yo no crecí en una finca o hacienda, sino que fui criado en la tierra de las fincas. Aprendí que hay dos formas de aumentar su valor: descubrir petróleo o encontrar agua. Si una hacienda tiene un río o un arroyo que la cruza o agua extraíble en su interior, se anunciará como una propiedad con «agua viva». Es bendecida por un flujo constante de H_2O. El ganado tiene agua para beber. Los granjeros tienen agua para regar. La presencia del agua transforma a la finca seca en una propiedad útil.

La presencia de seguidores de Cristo llenos del Espíritu hace lo mismo con la sociedad. Nosotros refrescamos, suavizamos, ablandamos. El Espíritu Santo fluye de nosotros hasta los lugares secos del mundo. Así es como se produce el avivamiento. Bebemos de Cristo y, por consiguiente, la vida fluye.

Eso sucedió con mi esposa. Mientras comprábamos en el supermercado, ella observó a una mamá en una silla de ruedas empujada por sus hijos adolescentes. La madre era frágil y estaba pálida. Tenía un tubo de oxígeno conectado a la nariz.

Denalyn se sintió impulsada a ayudarla. Pero ¿cómo? La respuesta llegó cuando Denalyn esperó detrás de la madre en la línea para pagar. El Espíritu Santo le dijo a Denalyn que pagara la compra de la mujer. «Por supuesto», me dijo después Denalyn. «No sé por qué no se me ocurrió antes».

La clienta estaba sorprendida y agradecida al mismo tiempo. Denalyn hizo el pago y la familia dijo: «Gracias», y Denalyn se emocionó. Describió el momento como lo más destacado de su día. (Yo pensaba que despertarse a mi lado habría sido su momento más destacado). Lo que ocurrió no fue nada forzado, sino algo genuino. No fue una obligación ni una carga. Se podría decir que fluyó de ella como el agua fluye de una fuente.

Toma ese pequeño suceso y multiplícalo por 2.300 millones, el número de cristianos que hay en el mundo.[13] Imagínate que cada uno de nosotros, cada día, respondiera al impulso del Espíritu para bendecir a otro. Actos de bondad. Palabras de ánimo. ¿Podría producirse un avivamiento en nuestros días?

Eso ocurrió en 1801. Lo que comenzó en la iglesia Cane Ridge se extendió por la frontera como una lluvia de primavera. Las iglesias comenzaron a crecer. Los cristianos comenzaron a influir en la sociedad.

Los avivamientos no se pueden forzar, fingir ni inventar. El avivamiento, como escribió un hombre, es «un extraño y soberano acto de Dios en el que visita a su propio pueblo restaurando, reanimando y liberándolo para actuar en la plenitud de su bendición».[14] Por su poder, escribe otro, «grandes energías, que hasta entonces estaban adormecidas, se despiertan, y nuevas fuerzas que se habían preparado durante mucho tiempo bajo la superficie, estallan y comienzan a existir».[15]

Jonathan Edwards fue un líder excelente en el Primer Gran Avivamiento del siglo dieciocho en Estados Unidos. Dijo que inicialmente predicaba unos pocos sermones y había unos pocos convertidos. «Pero entonces Dios, de un modo notable, tomó la obra en sus propias manos e hizo en un día o dos lo que en circunstancias normales habría tardado más de un año en hacer toda la comunidad cristiana, usando todos los medios a su disposición, con la bendición de Dios».[16]

Eso se llama «ríos de agua viva».

¿No anhelamos nosotros ver una obra poderosa y misteriosa de Dios entre sus hijos?

Pidamos una. Hagámoslo imitando la oración del predicador rural. Él estaba tan angustiado por las condiciones del mundo que salió y trazó un gran círculo en la arena. Se puso de pie en el centro del círculo y oró: *Señor, trae avivamiento, y comienza con todos los que están en este círculo.*

El cambio comienza cuando este empieza por mí.

¿Deseamos ver un nuevo día? Entonces hagamos oraciones como esta: *Dios, por favor, derrama agua viva sobre tus hijos y a través de ellos. Que seamos fuentes de vida y amor en cada lugar donde vayamos. Queremos ser siervos útiles.*

Uno de los avivamientos más famosos se produjo a principios del siglo veinte en Gales. Cien mil personas acudieron a Cristo en menos de un año.[17]

Los bares, casi vacíos, cerraron por falta de ventas. Los magistrados vieron cómo sus tribunales se vaciaban de delincuentes. Los mineros incluso tuvieron que volver a entrenar a las mulas que trabajaban en las minas de carbón. Muchos de los animales habían sido entrenados para responder a órdenes vulgares; pero cuando los hombres fueron limpiados, también lo fue su lenguaje, y las mulas tuvieron que aprender un nuevo vocabulario.[18]

Que surja la necesidad de volver a entrenar mulas hoy.

Que acudan las almas sedientas. Que acudan a Cristo y que vuelvan a fluir ríos de agua viva.

CAPÍTULO 11

Habla

El Espíritu como lenguas de fuego

¿Pero cómo pueden ellos invocarlo para que los salve si no creen en él? ¿Y cómo pueden creer en él si nunca han oído de él? ¿Y cómo pueden oír de él a menos que alguien se lo diga?
—Romanos 10:14

Entonces Pedro, con los once, se puso de pie y dijo a voz en cuello: «Compatriotas judíos y todos ustedes que están en Jerusalén, déjenme explicarles lo que sucede; presten atención a lo que les voy a decir [...] Arrepiéntase y bautícese cada uno de ustedes en el nombre de Jesucristo para perdón de sus pecados [...] y recibirán el don del Espíritu Santo. En efecto, la promesa es para ustedes, para sus hijos y para todos los extranjeros, es decir, para todos aquellos a quienes el Señor nuestro Dios quiera llamar».
—Hechos 2:14, 38-39, NVI

¿Qué le sucedió a Pedro?

Siete semanas atrás se estaba escondiendo por causa de Jesús; hoy está proclamando salvación por medio de Jesús. En las horas antes de la cruz, negó a Cristo. Ahora está anunciando a Cristo. La víspera del Viernes Santo era imposible hacerlo hablar. ¡Hoy es imposible callarlo!

¿Qué le sucedió a Pedro?

Era un cobarde en la crucifixión. Una pregunta de una sirvienta lo desarmó. No lo aporreó un soldado ni lo intimidó el sanedrín. Roma no amenazaba con extraditarlo. No, una camarera de la cafetería de la ciudad escuchó su acento y le preguntó si conocía a Jesús. Pedro entró en pánico. Se derritió. No solo negó a su Señor, sino que también maldijo la idea misma. Pedro juró: «¡Que me caiga una maldición si les miento! ¡No conozco al hombre!» (Mateo 26:74).

Pero míralo el día de Pentecostés, declarando a una multitud de miles: «A este Jesús, a quien ustedes crucificaron, ¡Dios lo ha hecho tanto Señor como Mesías!» (Hechos 2:36). Lenguaje valiente. Las multitudes que linchan se alimentan de tales acusaciones. La misma multitud que gritó «¡Crucifícale!» podía crucificarlo a él.

De débil a guerrero en cincuenta días. ¿Qué sucedió?

Ah, cómo necesitamos saberlo. Admiramos al Pedro de Pentecostés y al mismo tiempo nos identificamos con el de la Pascua. Nuestras convicciones menguan y nuestra resolución se derrite. Estamos decididos a hacerlo mejor, pero nos cuesta. Hacemos promesas y fallamos a la hora de cumplirlas.

Miramos a otros creyentes y preguntamos: ¿por qué su vida es tan fructífera y la mía tan infructuosa? ¿Por qué su vida es tan poderosa y la mía tan débil? ¿No nos ha salvado el mismo Cristo? ¿No leemos las mismas Escrituras y nos reunimos en torno a la misma cruz? ¿Por qué algunos se parecen al primer Pedro y otros al segundo? O más concretamente, ¿por qué vacilo yo entre los dos en una semana cualquiera?

Jesús insertó una respuesta en su último mensaje terrenal. Les dijo a Pedro y a los demás seguidores: «No se vayan de Jerusalén hasta que el Padre les envíe el regalo que les prometió, tal como les dije antes. Juan bautizaba con agua, pero en unos cuantos días ustedes serán bautizados con el Espíritu Santo» (Hechos 1:4-5).

Había reunidos ciento veinte. Los apóstoles menos Judas, más Matías, su sustituto; María, la madre de Jesús; los hermanos de Jesús: Santiago, José, Simón y Judas.[1] ¿María Magdalena, quizá? Juana, la esposa de Chusa, y Susana, sin lugar a dudas. Ellos seguían a Jesús. Ciertamente eran miembros usuales de su iglesia.

Jesús los envió a Jerusalén a esperar, por lo que fueron y esperaron.

No sabían por cuánto tiempo. ¿Un día? ¿Una década? Tampoco sabían exactamente qué estaban esperando. El poder del Espíritu Santo, claro... sin embargo, ¿en forma de qué, cómo? ¿Podrían haberse imaginado lo que sucedería?

«Cuando llegó el día de Pentecostés, estaban todos juntos en el mismo lugar» (Hechos 2:1, NVI). Pentecostés era uno de los tres días festivos en los que todos los hombres judíos tenían que acudir a Jerusalén al menos una vez en su vida. Muchos habían llegado más de cincuenta días antes y participaban en la celebración de la Pascua. Llegaban desde todo el mundo conocido en ese entonces. Judíos de Persia. Medos con barbas largas y rizadas y cabello negro grueso y trenzado. Judíos pobres de Arabia con túnicas muy sencillas. Judíos orgullosos de Roma con sus togas. La población de Jerusalén quizá aumentaba de cien mil a un millón.[2] Una docena de dialectos se escuchaban en los mercados. Había monedas de muchos lugares mezcladas en los bolsos de los mercaderes.

La ciudad de David hervía de actividad.

El momento divino fue exacto. Ahora, con el sacrificio de Cristo terminado. Ahora, con la tumba de Cristo vacía. Ahora, con la persona de Cristo ascendida al trono del cielo. Ahora, con los apóstoles reunidos en un lugar, en oración, esperando el poder del Espíritu. Ahora, con representantes de al menos quince naciones reunidos en una ciudad… Era el momento.

De repente, vino del cielo un ruido como el de una violenta ráfaga de viento y llenó toda la casa donde estaban reunidos. Se les aparecieron entonces unas lenguas como de fuego que se repartieron y se posaron sobre cada uno de ellos. Todos fueron llenos del Espíritu Santo y comenzaron a hablar en diferentes lenguas, según el Espíritu les concedía expresarse.

Estaban de visita en Jerusalén judíos piadosos, procedentes de todas las naciones de la tierra. Al oír aquel bullicio, se agolparon y quedaron todos pasmados porque cada uno los escuchaba hablar en su propio idioma. (Hechos 2:2-6, NVI)

El Espíritu llegó «de repente» y «del cielo» (v. 2). No hay duda alguna en cuanto a la fuente y la sorpresa del Espíritu. El regalo llegó a «donde estaban reunidos» (v. 2). ¿Un sutil recordatorio del Espíritu como un regalo, quizá? Lucas podía haber dicho «donde estaban orando», «adorando» o «clamando a Dios». Pero el énfasis está en la soberanía del Espíritu, no en la actividad de los seguidores.

Descendieron «unas lenguas como de fuego [...] y se posaron sobre cada uno de ellos» (v. 3). «Todos fueron llenos» (v. 4). Gracias al Espíritu Santo, cada uno pudo hablar con tal poder que la gente de todo el mundo podía escuchar la historia de Jesús «en su propio idioma» (v. 6).

¡Qué momento debió haber sido aquel! Andrés declarando la bondad de Dios en el idioma de los egipcios. Tomás contando los milagros de Jesús en el dialecto de Capadocia. María, la madre de Jesús, describiendo el nacimiento de Jesús a un grupo de Creta en el lenguaje de su tierra.

Babel, por un momento, pero al contrario.

Algunos curiosos que fueron testigos se mostraban cínicos, acusando a los discípulos de estar ebrios a horas tempranas de la mañana. Pero otros estaban asombrados, y preguntaron: «¿Qué quiere decir esto?» (v. 12, RVR1960).

Buena pregunta. Tenemos una ciudad llena de gente, a los seguidores orando, un viento recio y fuego cayendo, a quince naciones representadas en una asamblea, y a unos discípulos hablando como expertos traductores de las Naciones Unidas. ¿Qué podía significar eso?

Al menos lo siguiente: la comunicación persuasiva fue el primer fruto del Espíritu Santo. Él empoderó, y sigue empoderando hoy, a los seguidores de Cristo para que puedan declarar las maravillas de Dios en los lenguajes del corazón del mundo.

A su tiempo, el Espíritu empoderaría a los primeros seguidores para sanar enfermos. A su tiempo, él los guiaría a liderar la iglesia. A su tiempo, ellos incluso resucitarían muertos y orarían para que se abrieran las puertas de la cárcel. Pero antes de todos esos actos poderosos, se produjeron poderosas palabras de proclamación; «gente sin estudios ni preparación» (Hechos 4:13, NVI), tanto hombres como mujeres, pudieron hablar en lenguajes que nunca antes habían estudiado e impactar naciones que nunca antes habían visitado. Descendió fuego del cielo y derritió el hielo en unos tres mil corazones (Hechos 2:41).

La voluntad de Dios para su iglesia no ha cambiado.

Jesús les dijo a sus seguidores: «Cuando los arresten, no se preocupen por cómo responder o qué decir. Dios les dará las palabras apropiadas en el momento preciso. Pues no serán ustedes los que hablen, sino que el Espíritu de su Padre hablará por medio de ustedes» (Mateo 10:19-20).

Que yo sepa, esta promesa aún no ha sido rescindida.

Ni tampoco esta: «Pero recibirán poder cuando el Espíritu Santo descienda sobre ustedes; y serán mis testigos» (Hechos 1:8).

Podría usar la vida de Billy Graham como ejemplo. Él fue hijo de un lechero de Carolina del Norte y en el transcurso de su vida habló de Cristo a más de mil millones de personas.

Podría usar el ejemplo de Charles Spurgeon. Este predicador londinense del siglo diecinueve declaró la Palabra de Dios de tal manera que la gente sigue estudiando sus sermones un siglo y medio después.

Podría usar a la Madre Teresa como ejemplo. Con un metro y medio de estatura, se plantó como un gigante entre oradores de la fe.

Podría contarte historias sobre leyendas como Graham, Spurgeon y la Madre Teresa, pero prefiero hablar de Brenda Jones.

El día que fue a visitar al cirujano plástico estaba luchando contra el cáncer de mama. El propósito de la consulta era hablar sobre la reconstrucción del pecho. Sin embargo, hizo lo que hacía a menudo. Ella cambió de tema, porque quería contarle al doctor lo que Jesús había hecho por ella.

Brenda preguntó si podía contarle una historia. El doctor Pete educadamente contestó que sí. Ella procedió a hablarle sobre su esperanza del cielo. No quería morir, explicaba, pero la muerte para ella era un paso necesario a fin de transitar de esta vida a la siguiente.

Pete estaba intrigado. Él estaba en la cima de la jerarquía profesional, pero la había apoyado sobre el fundamento equivocado. Cruzó los brazos y escuchó. Escuchaba la historia sobre el Dios que se hizo bebé, después hombre y luego se sacrificó por la humanidad. «Él murió por usted, doctor», le dijo ella.

Ahí estaba una mujer frágil y enferma dialogando con un cirujano muy preparado, nacionalmente reconocido, hablándole sobre su pecado y su necesidad de un Salvador. La conversación de quince minutos lo cambió para siempre. Yo bauticé a Pete poco después un día frío de enero en una piscina al aire libre. (Dediqué este libro a Pete: el Dr. Pete Ledoux).

Después está la historia del pastor brasileño Antenor Goncalves. Ha servido en una congregación en Itu, Brasil, por más de dos décadas. Lo he escuchado enseñar, tanto en inglés como en portugués. Podría escucharlo predicar durante horas. Pero él no tendría ninguna historia que contar si no fuera por una pizarra en un porche.

Su padre la veía todos los días de camino a su trabajo. El papá de Antenor abordaba un tren hasta la ciudad, se bajaba y caminaba unos tres kilómetros hasta su oficina en São Paulo. En su recorrido, atravesaba un vecindario modesto. Cierto propietario había convertido su pequeño porche en un tablón de anuncios de todo tipo al poner una pizarra en él. Cada mañana escribía un versículo distinto en la pizarra. Cada mañana, el señor Goncalves hacía una pausa para leer el versículo del día. Poco a poco, las tácitas palabras tocaron su corazón.

Palabras como estas: «*Porque Deus amou o mundo de tal maneira que deu o seu Filho unigênito, para que todo aquele que nele crê não pereça, mas tenha a vida eterna*» (João 3:16).[3]

Las palabras intrigaron mucho al señor Goncalves. Un día, su curiosidad pudo con él, o más bien el Espíritu pudo con él, y llamó a la puerta de la casa del hombre de la pizarra. Mantuvieron una conversación, y después el hombre lo invitó a la iglesia y a un estudio bíblico. Poco después, el señor Goncalves se hizo cristiano.

En ese entonces, Antenor tenía solo dos años. Dios usó una pizarra para darle un mensaje que cambió el curso de su joven vida.

También usó a un mariscal de campo de segunda categoría para tocar la mía. Mike y yo jugábamos en el mismo equipo de fútbol americano de la escuela. Más concretamente, nos sentábamos en el mismo banquillo. Ninguno de los dos era lo suficientemente bueno para ser titular. Yo era el central suplente. Mike era el mariscal de campo suplente. Hacíamos lo que hacen los suplentes. Nos quedábamos en las bandas.

Y hacíamos lo que suelen hacer los adolescentes. En nuestro caso, hicimos lo opuesto a lo que los chicos cristianos suelen hacer.

Mike tenía una excusa. Él no era cristiano. Pero yo sí, aunque no estaba viviendo como tal.

Sin embargo, entonces ocurrió algo. Mike conoció a Pam. Pam conocía a Cristo. Mike se enamoró de Pam. Mike se enamoró de Cristo. Y Mike comenzó a cambiar.

Ahora trataba a los demás de un modo diferente. Tenía paz y una feliz serenidad. Yo me di cuenta. Al principio achacaba el cambio al romance, pero incluso cuando Mike y Pam rompieron una o dos veces, el corazón de Mike nunca cambió.

Mike me habló un par de veces acerca de Jesús. Pero después me hablaba todos los días. Su respeto hacia sus maestros, su amabilidad con los demás. Él era un sermón viviente. Unos años más tarde, cinco años para ser exactos, el ejemplo de Mike me alentó a tener un cambio así en mi vida.

¿Cómo explicamos el impacto de estas personas? Una palabra dicha a un doctor. Unas frases en una pizarra. El ejemplo contagioso de un amigo. ¿Técnicas avanzadas de persuasión? No lo creo. Solo hay una explicación.

La promesa de Pentecostés. El Espíritu convierte a personas comunes en fuerzas poco comunes.

Como lo explicó Jesús: «[El Espíritu Santo] convencerá al mundo de pecado» y «os guiará a toda la verdad» (Juan 16:8, 13, RVR1960). El Espíritu Santo toma nuestras lenguas de carne y las convierte en lenguas de fuego. El Espíritu Santo hace de la comunicación su prioridad. Se le menciona cincuenta y siete veces en el libro de los Hechos. ¡De esas ocasiones, él habla a través de una persona a alguien más treinta y seis veces![4]

> El Espíritu convierte a personas comunes en fuerzas poco comunes.

¿Podría el Espíritu hacer lo mismo con nosotros?

¿Contigo?

Hay algo único en tu historia. Nadie más tiene tu experiencia. Nadie más en toda la historia del mundo ha recorrido el camino por el que tú has viajado. ¿Estarías dispuesto a compartirlo?

Esta es una idea. Conviértete en alguien bien versado en tu Ebenezer.

No, no estoy hablando del personaje de Charles Dickens llamado Scrooge. Me refiero a tu álbum de momentos tipo «solo Dios». Esos sucesos concretos de tu vida que solo Dios pudo haber orquestado.

La palabra *Ebenezer* aparece en el contexto del pueblo hebreo en los primeros tiempos de su existencia como nación. Dios los bendijo con la liberación de Egipto, una nueva identidad y un pacto. Ellos vieron plagas sobre sus enemigos, fuego santo en el cielo, maná en sus platos y sandalias que nunca se desgastaban. Sin embargo, surgía un problema y enseguida querían regresar a Egipto. Una vez fundieron algunos aretes de oro, hicieron un becerro y comenzaron a ofrecerle oraciones.

¿De verdad?

Qué rápido se olvidaron.

Con los años, sin embargo, desarrollaron formas de recordar. Una de esas maneras fue llamada la piedra Ebenezer o «piedra de ayuda». Tras una resonante victoria en la batalla además de una renovación espiritual, levantaron una piedra para simbolizar la fidelidad de Dios (1 Samuel 7:12). La piedra Ebenezer era un recordatorio tangible de lo que Dios había hecho por ellos. Los israelitas les enseñaban esa piedra a sus vecinos y a sus hijos como una forma de acordarse de la fidelidad de Dios.

¿Cuáles son tus momentos Ebenezer?

No todos podemos evangelizar como Billy Graham, escribir como Charles Spurgeon o cuidar de los pobres como la Madre Teresa. Sin embargo, ¿no crees que todos podemos hablar de nuestros momentos «solo Dios»?

Hubo una ocasión en la que Jesús sanó a un hombre trastornado. El sujeto había hecho del cementerio su hogar y se cortaba con las

El plan de Dios se reduce

a una estrategia: personas

ordinarias hablando de la

extraordinaria historia de Jesús

con el poder extraordinario

del Espíritu Santo.

piedras. Cuando Jesús lo liberó de la aflicción, el hombre quiso seguirlo. Cristo, sin embargo, le dio esta instrucción: «Vete a tu casa, a los tuyos, y cuéntales cuán grandes cosas el Señor ha hecho contigo, y cómo ha tenido misericordia de ti» (Marcos 5:19, RVR1960).

En otras palabras, habla. Enséñale a alguien tu piedra Ebenezer.

¿Sientes que no estás bien equipado para hacerlo? No importa. Tienes al Espíritu Santo para ayudarte. El plan de Dios se reduce a una estrategia: personas ordinarias hablando de la extraordinaria historia de Jesús con el poder extraordinario del Espíritu Santo.

Personas como Samuel Justin, un predicador modesto de la India. En una época de gran persecución y acuciante temor, la policía acudió a su casa. Demandaban que respondiera a sus preguntas. En cierto momento, uno de los oficiales sacó una libreta y mencionó muchas de las cosas que estaban ocurriendo.

El oficial después hizo esta pregunta: «¿Y con qué autoridad haces estas cosas?». En ese momento potencialmente peligroso, Dios le había dado una puerta de salida. Samuel agarró su Biblia y leyó el siguiente pasaje al policía: «Jesús se acercó entonces a ellos y les dijo: Se me ha dado toda autoridad en el cielo y en la tierra». El oficial tomó notas solemnemente sobre ese Jesús y su autoridad.

Samuel continuó leyendo: «Por tanto, vayan y hagan discípulos de todas las naciones, bautizándolos en el nombre del Padre y del Hijo y del Espíritu Santo». El oficial continuó escribiendo las palabras en su libreta de investigación: «Enseñándoles a obedecer todo lo que les he mandado a ustedes. Y les aseguro que estaré con ustedes siempre, hasta el fin del mundo».[5]

El oficial dijo que llevaría el reporte a sus supervisores y les informaría la autoridad bajo la que Samuel hacía su trabajo. Desde ese momento, los oficiales de policía no molestaron a la iglesia e incluso les proveyeron cierta protección para su trabajo de difundir las buenas nuevas.[6]

Recuerda siempre con qué autoridad haces este trabajo, mi amigo. Ora con confianza. Predica con poder. Aconseja como alguien que conoce el consejo del cielo y al Consolador: el Espíritu Santo.

CAPÍTULO 12

Te desataste

El Espíritu como dador de dones

Cuando ascendió a las alturas, se llevó a una multitud de cautivos y dio dones a su pueblo.

—Efesios 4:8

En agosto del año 2005 toda la nación veía conmocionada cómo el huracán Katrina devastaba la ciudad de Nueva Orleans, Louisiana. ¿Quién hubiera pensado que alguna vez oiríamos estas palabras en las noticias? «Hoy, unos 20.000 refugiados fueron trasladados del Superdome de Nueva Orleans al Astrodome de Houston».

Barrios enteros quedaron sepultados bajo siete metros de agua. Ciudadanos se subieron a los tejados a la espera de ser rescatados en helicópteros. Residentes buscaron refugio en ciudades cercanas. Nueva Orleans llegó a San Antonio en la forma de 12.500 evacuados.

Sucedió que pusieron a un buen amigo mío a cargo de nuestro centro de refugiados. Un gran almacén en el centro de la ciudad se convirtió en un lugar operativo de atención. Mientras yo recorría el lugar con Robert, me impresionó algo: cada voluntario allí tenía una tarea.

Algunas personas distribuían mantas. Otras entregaban bocadillos. Un grupo de profesionales médicos examinaban a las personas que tenían problemas de salud. Consejeros y pastores orientaban a los desplazados repentinos. Mi amigo me entregó una silla plegable y señaló a una larga fila de víctimas solitarias. «Haz algo útil», me dijo. «Ve a orar y a escuchar».

Así lo hice.

La imagen de ese almacén vino a mi mente mientras revisaba una de las metáforas más inspiradoras, convincentes y controvertidas del Espíritu Santo: el dador del don. A mí me parece que el mundo entero está en un estado de trauma.

Las personas no saben por qué nacieron o a dónde están destinadas a ir. Esta es la era de saber muy bien el cómo y muy poco el porqué. El enemigo invisible del pecado y el secularismo nos ha dejado aturdidos y desconcertados. En medio de los escombros se asienta el centro de rescate de Dios: la iglesia. Proporcionamos un refugio para las personas heridas, un lugar seguro al cual acudir tras la tormenta. Cada uno tiene responsabilidades y, cuando trabajamos juntos, los desplazados encuentran un lugar. Y, detrás de todo ello, supervisando la operación está el Espíritu Santo.

Y lo hace a través de la distribución de dones espirituales. «A cada uno se le da una manifestación especial del Espíritu para el bien de los demás [...] Todo esto lo hace un mismo y único Espíritu, quien reparte a cada uno según él lo determina» (1 Corintios 12:7, 11, NVI).

El Espíritu Santo es el dador de dones supremo. Él adorna a sus hijos con habilidades sobrenaturales que glorifican a Dios, bendicen al necesitado y edifican la iglesia. ¿No sería una tragedia de las más grandes perderte la tarea que solo tú puedes hacer? Esa era la opinión del apóstol Pablo.

> No quiero, hermanos, que ignoréis acerca de los dones espirituales [...] Ahora bien, hay diversidad de dones, pero el Espíritu es el mismo. Y hay diversidad de ministerios, pero el Señor es el mismo. Y hay diversidad de operaciones, pero Dios, que hace todas las cosas en todos, es el mismo. Pero a cada uno le es dada la manifestación del Espíritu para provecho. (1 Corintios 12:1, 4-7, RVR1960)

El Espíritu Santo es el dador
de dones supremo. Él adorna
a sus hijos con habilidades
sobrenaturales que glorifican
a Dios, bendicen al necesitado
y edifican la iglesia.

Cristo da dones a su iglesia. El Espíritu es el distribuidor autorizado. Aunque los dones son diversos, su meta es singular: el bien común de la comunidad. Los corintios se habían olvidado de eso. Los dones espirituales estaban dividiendo a la iglesia. Algunas personas alardeaban mucho, mientras que otros se sentían celosos. Todos estaban confundidos. Por lo tanto, Pablo intentó aclarar las cosas describiendo algunos de los posibles dones.

> Porque a este es dada por el Espíritu palabra de sabiduría; a otro, palabra de ciencia según el mismo Espíritu; a otro, fe por el mismo Espíritu; y a otro, dones de sanidades por el mismo Espíritu. A otro, el hacer milagros; a otro, profecía; a otro, discernimiento de espíritus; a otro, diversos géneros de lenguas; y a otro, interpretación de lenguas. Pero todas estas cosas las hace uno y el mismo Espíritu, repartiendo a cada uno en particular como él quiere. (1 Corintios 12:8-11, RVR1960)

Ten algunas cosas presentes mientras repasas este pasaje.

NINGUNA LISTA DE DONES ES COMPLETA. El Nuevo Testamento tiene al menos cinco: 1 Corintios 12:8-10; 1 Corintios 12:28-30; Romanos 12:6-8; Efesios 4:11-12; 1 Pedro 4:10-11. La intención del apóstol no era, en ninguna de las epístolas, crear una lista exhaustiva. Esto se demuestra mediante el hecho de que no hay dos listas idénticas. Son sugerencias del tipo de trabajo que hace el Espíritu Santo.

NO TODOS LOS DONES SE DAN EN EL MOMENTO DE LA CONVERSIÓN. Si una persona recibiera todos los dones al convertirse, no existiría el llamado: «Ambicionen los dones espirituales» (1 Corintios 14:1, NVI). Parte de la emoción de vivir al lado del Espíritu es esperar una mayor preparación.

LOS DONES ESPIRITUALES SON EXACTAMENTE ESO, DONES. Cuando el apóstol Pablo usaba la frase «dones del Espíritu», casi siempre empleaba el término griego *carisma* o *charismata*. Un «carisma» es un don en el sentido más puro de la palabra. Tú lo recibes, pero no lo mereces, y ciertamente no te lo ganaste. Es puramente por la gracia de Dios que el Espíritu empodera sobrenaturalmente a los creyentes.

LOS DONES ESPIRITUALES NO SON UN INDICADOR DE MADUREZ ESPIRITUAL. La iglesia corintia tenía todos los dones (1 Corintios 1:4-8), pero carecía del carácter cristiano. Se agrupaban en torno a personalidades (1:10-17; 3:1-23), toleraban la inmoralidad (5:1-13), se demandaban unos a otros (6:1-11), abusaban de la Cena del Señor (11:17-34), y usaban la adoración para autopromocionarse (12–14). La presencia de dones requiere de madurez para usarlos sabiamente.

LOS TALENTOS NATURALES Y LOS DONES ESPIRITUALES NO SIEMPRE SON IDÉNTICOS. Los dones naturales operan a favor de las causas personales; los dones espirituales trabajan por la causa de Dios. Tu don espiritual a menudo es una aplicación divina de tu fortaleza natural. Pablo, por ejemplo, enseñaba mucho antes de su conversión. En el camino a Damasco, Cristo requisó la fortaleza de enseñar para su propósito. Si tú dirigías personas antes de seguir a Cristo, probablemente también las dirigirás después de seguir a Cristo. A la vez, el Espíritu Santo podría darte un don totalmente nuevo. Lo que importa es esto:

LOS DONES ESPIRITUALES SON PARA EXALTAR A CRISTO, EDIFICAR A LA IGLESIA Y BENDECIR A LOS NECESITADOS. Los dones no son para el engrandecimiento personal e individual. Son para usarlos con el fin de edificar la iglesia.

Mi nieta de cuatro años, Rosie, tenía algo que anunciarme el otro día. «Papá Max, sé cantar armonías».

«Excelente», respondí, «cantemos juntos».

«No, no», respondió ella. «Me gusta cantar armonías yo sola».

Algún día aprenderá que la armonía requiere la combinación de varias voces. Las iglesias deben aprender lo mismo. El Espíritu Santo nos ha dado a cada uno una parte en la maravillosa canción de la gracia. Pero no fuimos creados para cantar solos. Solo cuando combinamos nuestros dones, podemos esperar un sonido bonito. Con ese fin Pablo entró en detalle acerca de los tipos de dones y la forma correcta de usarlos.

El Espíritu Santo nos ha dado a cada uno una parte en la maravillosa canción de la gracia. Pero no fuimos creados para cantar solos. Solo cuando combinamos nuestros dones, podemos esperar un sonido bonito.

Se pueden agrupar de esta forma:[1]

Dones de discernimiento. «Porque a este es dada por el Espíritu palabra de sabiduría; a otro, palabra de ciencia según el mismo Espíritu [...] a otro, discernimiento de espíritus» (1 Corintios 12:8, 10, rvr1960).

Una *palabra de sabiduría* es un mensaje de consejo apropiado que se ajusta correctamente a la ocasión. Hace muchos años tuve la oportunidad de asistir a una conferencia de pastores. Uno de los maestros era un profesor experimentado. Yo estaba compartiendo la mesa al cenar con él una noche cuando, de forma un tanto abrupta, pidió la atención de los jóvenes ministros. «Tengo esta palabra para ustedes. No sacrifiquen nunca a su familia sobre el altar del ministerio cristiano». Tras decir eso, volvió a concentrarse en su comida. No hizo más comentarios. Sin embargo, nunca olvidé la exhortación. El Espíritu Santo le dio una palabra de sabiduría y él, a su vez, nos bendijo.

Él podría usarte a ti para hacer lo mismo. Cuando sientas que el Espíritu tiene un mensaje importante para que lo compartas, ¡compártelo! No supongas que la gente ya sabe lo que tú sabes. Puede que Dios te esté usando para comunicar una verdad importante en el sistema operativo de atención de la iglesia.

Una *palabra de ciencia* es un don de información que una persona no tiene manera de saber si no es por medio del Espíritu Santo. Cuando Jesús le dijo a la mujer samaritana que estaba viviendo con un hombre que no era su esposo y que había estado casada con otros cinco hombres antes que él, eso fue una palabra de ciencia (Juan 4:17-18).

Incluido en este grupo estaría el *discernimiento de espíritus* (1 Corintios 12:10, rvr1960). El apóstol Pablo mostró este don en una ciudad llamada Filipo. Los dueños de una chica esclava estaban ganando dinero con su adivinación; «mas desagradando a Pablo, este se volvió y dijo al espíritu: Te mando en el nombre de Jesucristo, que salgas de ella. Y salió en aquella misma hora» (Hechos 16:18, rvr1960).

Mi esposa tiene ese don. Estábamos caminando por una zona del centro de la ciudad cierto día cuando vio una señal que invitaba a la gente a entrar en un lugar para leerles la mano. Ella se detuvo, miró fijamente a la puerta y declaró: «Señor Jesús, ¡cierra este negocio!». No he regresado para revisar la situación de la tienda, pero desaconsejaría cualquier inversión financiera en ella.

Además del discernimiento de espíritus, Pablo menciona:

Los DONES DINÁMICOS. «A otro, fe por el mismo Espíritu; y a otro, dones de sanidades por el mismo Espíritu. A otro, el hacer milagros» (1 Corintios 12:9-10, RVR1960).

Tener el *don de fe* es disfrutar de una sensación de confianza sobrenatural y contagiosa. El Espíritu usa a la persona para consolar a los afligidos y bendecir a los temerosos.

Los dones de sanidades incluyen la decisión del Espíritu de restaurar a través de las oraciones de un santo. Esta sanidad puede ser física, emocional o relacional, pero es sobrenatural.

Y después está *el hacer milagros*. Dios altera las circunstancias. Él puede revertir una ruina financiera. Puede ablandar el corazón de un cónyuge. Puede conseguir la entrada a una nación cerrada. Él es el Dios que hace milagros y usa a sus siervos para llevar a cabo su voluntad.

Un tercer tipo de dones son estos:

Los DONES DECLARATIVOS. «A otros, profecía [...] a otros, el hablar en diversas lenguas; y a otros, el interpretar lenguas» (1 Corintios 12:10, NVI).

Pablo explica el significado de la profecía dos capítulos después. «Pero el que profetiza habla a los hombres para edificación, exhortación y consolación» (1 Corintios 14:3, RVR1960). *Profetizar* es edificar y animar. El profeta puede que anuncie el futuro, pero ciertamente anuncia buenas noticias. Pablo lo consideraba el don más importante. No porque el profeta sea más importante, sino porque la tarea es muy esencial (1 Corintios 14:1).

Hablar en lenguas e *interpretación de lenguas* son dones magníficos, pero a la vez muy controvertidos. Hay dos tipos de lenguas descritas en el Nuevo Testamento.

El primer tipo se vio el día en que nació la iglesia. En ese día, personas provenientes al menos de quince naciones oyeron hablar a los apóstoles en sus lenguas de origen: «¿Cómo es que cada uno de nosotros los oye hablar en su lengua materna?» (Hechos 2:8, NVI). Dios tiene una pasión ardiente por ver el evangelio predicado en cada lengua y actúa sobrenaturalmente para que eso suceda.

Pablo se estaba refiriendo a una expresión distinta de lenguas cuando les escribió a los corintios. Dijo: «Pues, si alguien tiene la capacidad de hablar en lenguas, le hablará solamente a Dios, dado que la gente no podrá entenderle. Hablará por el poder del Espíritu, pero todo será un misterio» (1 Corintios 14:2). Este lenguaje lo entiende Dios, no la gente (vv. 2, 28). Sin duda, entenderlo requiere que una persona tenga el don espiritual de la interpretación.

El apóstol Pablo disfrutó de este don. Él nos permitió darle un vistazo a su vida de oración cuando escribió:

> Por lo tanto, el que habla en lenguas también debería pedir en oración la capacidad de interpretar lo que se ha dicho. Pues, si oro en lenguas, mi espíritu ora, pero yo no entiendo lo que digo. ¿Qué debo hacer entonces? Oraré en el espíritu y también oraré con palabras que entiendo. Cantaré en el espíritu y también cantaré con palabras que entiendo. (1 Corintios 14:13-15)

Pablo disfrutaba de dos tipos de oración: oraba con el espíritu y oraba con la mente (v. 15). Ambos eran valiosos. Él oraba en lenguas de forma tan frecuente que pudo decir a una iglesia que valoraba ese don que lo hacía más que ninguno de ellos (v. 18). Sin embargo, en la adoración pública, decía él, «prefiero hablar cinco palabras con mi entendimiento [...] que diez mil palabras en lengua desconocida» (v. 19, RVR1960). Lo que no hacía era participar —o enseñar a la iglesia a participar— en una sola forma de oración. El apóstol buscaba regular y no denigrar la práctica de un lenguaje celestial.

Permíteme hacer una pausa aquí para plantear una pregunta. ¿Cómo te afecta esta discusión sobre los dones? ¿Te parece un poco —a ver, cuál es la palabra— *sobrenatural*? Debería serlo. ¡Lo es! La iglesia es la expresión sobrenatural de Dios en el planeta. Él opera de formas que van más allá de las nuestras. Demos la bienvenida a esta obra misteriosa del cielo en la iglesia.

Cuarenta años de ministerio me han convencido: no tenemos lo necesario para sanar a este mundo herido. Podríamos crear programas, entrenar equipos y edificar maravillosos santuarios. Pero gustosamente cambiaría todo eso por una gota de lluvia del Espíritu del cielo.

Necesitamos su ayuda.

Una de las grandes tragedias del último siglo ha sido la división de la iglesia por el tema de la existencia de dones espirituales como las lenguas y los milagros. Muchos cristianos temerosos de Dios están convencidos de que esos dones poderosos no continuaron cuando murieron los apóstoles. Conozco bien esta línea de razonamiento, ya que yo mismo estaba entre sus defensores.

Durante los primeros diez años de mi ministerio enseñé que esos dones más demostrativos sirvieron solo para iniciar la iglesia. Los usaron los apóstoles y después no continuaron cuando se estableció la iglesia, se escribieron las Escrituras y los apóstoles llegaron al cielo.

Mi mente comenzó a cambiar a mis treinta y tantos años. Me pregunté: *¿Algún escritor del Nuevo Testamento ha dicho alguna vez que ciertos dones cesarán al terminarse de escribir las Escrituras?* No encontré ninguno. Sin duda, las Escrituras nos urgen a desear fervientemente los dones espirituales y no prohibir el hablar en lenguas (1 Corintios 14:1, 39).

¿Qué pasa con la creencia de que solo los apóstoles podían usar los dones y que con sus muertes los milagros no continuaron? No hay ninguna frase directa al respecto. Vemos personas que no eran apóstoles como Ananías (Hechos 9) bendiciendo a Saulo con el Espíritu. Además, si solo los apóstoles podían usar esos dones, ¿por qué no vemos en el libro de los Hechos un registro de apóstoles viajando de iglesia en iglesia, imponiendo manos sobre todas las personas posibles?

Además, no asumimos que los dones más «triviales», como los de administración y servicio, no continuaron con el fallecimiento de los apóstoles. ¿Acaso no es arbitrario suponer que el don de hospitalidad aún es válido, pero el de lenguas no lo es? Pablo dejó claro que esperaba que los dones se siguieran usando hasta el regreso de Jesús: «Ahora tienen [corintios] todos los dones espirituales que necesitan mientras esperan con anhelo el regreso de nuestro Señor Jesucristo» (1 Corintios 1:7).

El hecho más convincente de todos —al menos para mí— es que el Espíritu Santo decidió darme la gracia de tener algunos de los mismos dones que antes descartaba. Él ha sanado personas a través de mis oraciones. Ya he perdido la cuenta del número de padres cuya infertilidad fue revertida después de que oré por ellos. Aparentemente, tengo un ministerio de gestación.

He declarado palabras de sabiduría. En medio de un sermón, a menudo siento el impulso de añadir o enfatizar un punto. Incluso espero que alguien repita el comentario espontáneo y diga: «Eso realmente me tocó».

Uno de los dones más sorprendentes me llegó cuando tenía sesenta y cuatro años. Durante un periodo de varios meses, le pedí a Jesús que me diera una llenura mayor de su Espíritu. Le pedía que no se contuviera, que derramara sobre mí todos los dones que alguna vez había ordenado que yo tuviera. En las horas previas al amanecer, una mañana de verano, mientras me sentaba en nuestro porche y oraba, comencé a experimentar un lenguaje de oración celestial. De lo más profundo de mí fluyeron frases, sílabas en *staccato*. El sentimiento era de deleite y adoración. Esa intimidad ha continuado cada mañana, sin duda varias veces al día. Siempre puedo iniciarlo. Siempre puedo pararlo, aunque nunca quiero hacer eso.

Este don no me hace ser más importante ni especial. No brillo en la oscuridad ni levito por encima de los árboles. De hecho, he sonreído ante la posibilidad de que el Espíritu me ayude a orar porque mis oraciones son muy difusas. Le doy la bienvenida a su ayuda.

También le doy la bienvenida al recordatorio periódico. Nuestro Dios habita en el ámbito sobrenatural. Lo invisible y lo milagroso son sus recursos.

> Nuestro Dios habita en el ámbito sobrenatural. Lo invisible y lo milagroso son sus recursos.

Donald Barnhouse, un pastor muy respetado y erudito, estudió en el Seminario Teológico de Princeton. Doce años después de su graduación, la escuela lo invitó a hablar en un servicio. Dirigirse a la cuna del conocimiento de uno ya es difícil en sí, pero su profesor de hebreo añadió leña al fuego al sentarse casi al frente. Tras oír el mensaje, el profesor felicitó a Barnhouse por un trabajo bien hecho y lo dejó con estas interesantes palabras:

«Me alegra que tenga un Dios grande. Cuando mis chicos regresan, veo si su Dios es grande o pequeño, y entonces sé cómo será su ministerio». Barnhouse le pidió que se explicara.

«Verá, algunos hombres tienen un Dios pequeño y siempre tienen problemas con él. No puede hacer ningún milagro. No puede ocuparse de la inspiración y transmisión de las Escrituras a nosotros. No interviene a favor de su pueblo. Tienen un Dios pequeño. Después están los que tienen un Dios grande. Él habla y se hace. Él ordena y sucede rápido. Sabe cómo mostrarse fuerte a favor de los que le temen. Usted, Donald, tiene un Dios grande; y él siempre bendecirá su ministerio». Hizo una breve pausa, sonrió y dijo: «Que Dios le bendiga», y se fue.[2]

Tenemos un Dios grande. El Espíritu Santo está dirigiendo a la iglesia en maneras extraordinarias. ¿Qué sucedería si cada creyente identificara y empleara el don que le ha dado el Espíritu? ¿Qué pasaría si cada uno de nosotros operara según el impulso y la provisión del Espíritu?

Recibamos el consejo de Pablo: «No quiero, hermanos, que ignoréis acerca de los dones espirituales».

¿Qué don te ha dado el Espíritu? ¿Qué puedes hacer? Dios no te puso en esta tierra para que malgastes tu vida en una labor en la que no uses tus fortalezas. «Presta mucha atención a tu propio trabajo, porque entonces obtendrás la satisfacción de haber hecho bien tu labor y no tendrás que compararte con nadie» (Gálatas 6:4).

Hace años oí una fábula sobre un padre agonizante y sus tres hijos. Tras haber dedicado su vida a construir una empresa, llegó el momento de entregársela a uno de ellos. Sin embargo, ¿a cuál? El padre tenía un plan. Los llamó junto a la cabecera de su cama y le dio un billete de un dólar a cada uno de los jóvenes junto con esta tarea: «Compren algo que llene la habitación. El que ocupe más espacio, recibirá la empresa».

Cada uno de los muchachos obedeció las instrucciones. El primero regresó con dos pacas de heno que compró por cincuenta centavos cada una. Con ella pudo cubrir el piso de la habitación. El segundo llevó dos almohadas de plumas, las abrió por la mitad, y dejó que las plumas llenaran el aire. El padre quedó agradado, pero no satisfecho del todo. Se giró hacia el tercer hijo y preguntó: «¿Qué hiciste tú con el dólar?».

El muchacho no tenía nada en sus manos, así que se explicó: «Di cincuenta centavos a un orfanato, veinte centavos a una iglesia y veinte centavos a un comedor social».

Uno de los hermanos protestó. «Pero no hizo nada para llenar la habitación».

«Sí, lo hice», continuó el muchacho. «Gasté los últimos diez centavos en dos cosas». Se metió la mano en el bolsillo y sacó una pequeña cajita de cerillas y una vela. Prendió la vela y apagó el interruptor de la luz. De esquina a esquina, la luz llenó la habitación no con heno ni con plumas, sino con luz.

¿Con qué estás llenando tu mundo?

CAPÍTULO 13

Sopla sobre los huesos

El Espíritu como soplo

El Espíritu da vida.
—2 Corintios 3:6

No éramos adolescentes todavía. Casi, pero todavía no. Apenas estábamos en la secundaria. Sin bigote. Con barros en la cara. Un poco raros y probablemente faltos de algo de disciplina. La clase de Biblia en la iglesia la componíamos nosotros tres. Nuestro maestro trazó un plan que, supongo yo, tenía la intención de desarrollar nuestras habilidades de liderazgo.

Hacíamos visitas por la tarde a ancianos que no podían asistir a la iglesia en la mañana. Estaban encerrados, y así los llamábamos. Problemas de salud y cuerpos envejecidos habían dejado a esas personas encerradas e incapaces de poder salir.

La mayoría de nuestras visitas tuvieron lugar en un hogar pequeño de convalecientes con cierto aroma desagradable en los suburbios de nuestra pequeña ciudad. Los pacientes parecían alegrarse al ver al diácono de la iglesia y sus jóvenes discípulos. Nuestra liturgia era sencilla. Nos poníamos de pie en círculo alrededor de las cuatro patas de la cama. El maestro compartía una breve lección. Uno de nosotros leía un versículo. Otro hacía una oración. Si se nos pedía, cantábamos un himno y repartíamos la Santa Cena. Viajábamos con una pequeña caja de pan tostado, zumo de uva y unos vasos.

Una buena forma de pasar la tarde dominical para cuatro jovencitos, ¿verdad?

Pero entonces llegó el caso del abuelo durmiente. No recuerdo por qué el maestro no estaba con nosotros. Recuerdo que íbamos solos. Alguien nos dejó en la puerta de la residencia. Dividimos las responsabilidades. Uno haría la oración. Otro leería el versículo, y a mí me correspondió ocuparme de la Santa Cena.

Éramos la versión protestante de los monaguillos.

Todo iba bien hasta que nos encontramos con el hombre adormecido. Estaba en su cama, yaciendo de espaldas y con la boca abierta. El volumen del televisor estaba alto, pero su ronquido era aún más alto. «Señor», dijimos. No hubo respuesta. Uno de nosotros lo tocó en el hombro. Otro lo sacudió un poco. Él solo roncaba.

No pensamos en llamar a una enfermera para pedir ayuda. Darnos la vuelta e irnos era inaceptable. ¿Cómo atrevernos a evadir nuestra tarea?

Así que, mientras el televisor sonaba y el hombre roncaba, hicimos nuestra tarea. Oración. Versículo y, bueno, llegó mi turno. Mis amigos me miraron. Yo miré al hombre. Tenía el rostro demacrado, el cabello gris y la boca totalmente abierta.

Hice lo único que sabía hacer. Puse el pan tostado en su lengua y le eché un vasito de zumo de uva. Nos volteamos y salimos de la habitación. Él siguió dormido durante todo aquello.

A todos se nos conoce por hacer lo mismo. Nos adormilamos en nuestra espiritualidad. La intensidad queda reemplazada por el letargo. El entusiasmo decae y, bueno, nos dormimos. No estoy hablando de rebeldes con el corazón duro ni de cínicos que rechazan a Dios. Estoy hablando de los santos con buen corazón que experimentan sequedad de corazón, un amor que mengua, que se sienten desconectados en su relación con Dios.

Quizá estoy hablando de ti.

Si es así, ¿puedo darte una buena noticia?

La fuerza más poderosa del planeta está aquí para ayudarte. «El Espíritu da vida» (Juan 6:63, NVI). ¿Podía haber expresado Jesús de forma más clara la misión del Espíritu? Cuando la deidad asignó las tareas a la humanidad, el Padre escogió la protección y la provisión, el Hijo tomó la salvación. ¿Y el Espíritu? Él escogió dar vida.

¡Vida! Robusta. Resistente. Que anima al corazón y está llena de esperanza. ¿Acaso no es eso lo que necesitamos?

El Espíritu lo da.

¿Necesitas prueba de ello? Conoce a Ezequiel.

Él era un profeta radical de ojos muy abiertos que sirvió como aguijón en el costado colectivo de Israel durante el siglo sexto a. C. Siempre estuvo, en el caso de los hebreos, urgiéndoles a alejarse de los ídolos extraños y acercarse a su Dios vivo (Ezequiel 14:6). Ellos no escuchaban; por consiguiente, la nación experimentó una profunda aniquilación a manos de los babilonios en el año 587 a. C. La ciudad de Jerusalén fue saqueada y el magnífico templo fue destruido. Imagínate Washington D. C. reducida a ascuas y humo, el edificio del Capitolio destruido y la Casa Blanca arrasada por el fuego. Los antes orgullosos hebreos tuvieron que irse de su tierra natal. Desde su exilio en Babilonia, los judíos declararon: «Nos hemos vuelto huesos viejos y secos; hemos perdido toda esperanza» (Ezequiel 37:11).

El salmista solo pudo lamentarse: «Junto a los ríos de Babilonia, nos sentamos y lloramos al pensar en Jerusalén» (Salmos 137:1). Y también: «¿Pero cómo podemos entonar las canciones del SEÑOR mientras estamos en una tierra pagana?» (v. 4).

El exilio fue una catástrofe.

Pero Dios tenía otros planes. El pueblo quizá había abandonado a Dios, pero Dios nunca los había abandonado a ellos. Él les hizo una promesa a los hebreos.

Pues los recogeré de entre todas las naciones y los haré regresar a su tierra. Entonces los rociaré con agua pura y quedarán limpios.

Lavaré su inmundicia y dejarán de rendir culto a ídolos. Les daré un corazón nuevo y pondré un espíritu nuevo dentro de ustedes. Les quitaré ese terco corazón de piedra y les daré un corazón tierno y receptivo. Pondré mi Espíritu en ustedes para que sigan mis decretos y se aseguren de obedecer mis ordenanzas. Vivirán en Israel, la tierra que hace mucho tiempo di a sus antepasados. Ustedes serán mi pueblo y yo seré su Dios. (Ezequiel 36:24-28)

Por favor, observa al agente activo en esta misión de rescate. ¡Dios! Dios rescatará. Dios reunirá. Dios limpiará. Le dará al pueblo un corazón nuevo y, lo más importante de todo, pondrá su Espíritu en ellos, y como resultado obedecerán los mandamientos de Dios.

¿Te parece esta una declaración impactante? También se lo pareció a Ezequiel. Por lo tanto, se organizó una excursión al campo.

El Señor puso su mano sobre mí y fui llevado por el Espíritu del Señor hasta un valle que estaba lleno de huesos. El Señor me condujo por entre los huesos que cubrían el fondo del valle. Estaban desparramados en el suelo por todas partes y completamente secos. (37:1-2)

El valle de la muerte. No hay vida. No hay niños jugando, enamorados besándose, músicos cantando ni bailarines bailando. Solo huesos. Huesos secos.

Dios le preguntó: «Hijo de hombre, ¿podrán estos huesos volver a convertirse en personas vivas?» (v. 3).

Qué clase de pregunta.

Yo nunca he estado en el valle que visitó Ezequiel, pero me senté junto a una persona en un vuelo que me dijo que su vida había perdido todo el sentido. Nunca he recorrido el valle de los huesos secos, pero he escuchado a una madre suicida describir un lugar oscuro en el que no encontraba salida alguna. Nunca he pisado un campo de fémures y costillas, pero he hablado con un joven cuya vida estaba desgastada por la adicción al opioide. No he visto terrenos llenos de formas descarnadas, pero he visto al orgulloso quedarse sin palabras en un funeral, sin saber qué decir ante el desagradable recordatorio de la muerte. No he estado hasta los tobillos entre huesos secos, pero me he mirado en el espejo y he visto a un pastor con una fe reseca y preguntándose si ese corazón duro podría volver a ablandarse.

¿Podrán esos huesos vivir?

El profeta era un hombre de visión, pero no con visión suficiente para aventurarse a dar una respuesta, así que la desvió. «SEÑOR omnipotente, tú lo sabes» (v. 3, NVI).

Luego el Señor dio esta orden:

> Entonces me dijo:
>
> —Anuncia un mensaje profético a estos huesos y diles: "¡Huesos secos, escuchen la palabra del SEÑOR! Esto dice el SEÑOR Soberano: '¡Atención! ¡Pondré aliento dentro de ustedes y haré que vuelvan a vivir! Les pondré carne y músculos y los recubriré con piel. Pondré aliento en ustedes y revivirán. Entonces sabrán que yo soy el SEÑOR'". (vv. 4-6)

El profeta hizo lo que se le ordenó. Mientras profetizaba, Ezequiel escuchó un gran traqueteo. Huesos que se ensamblaban, repiqueteaban y se reconectaban. Aparecieron tendones de la nada para unir las articulaciones. La piel se esparció y recubrió los esqueletos. El desfiladero de huesos se convirtió en una colección de cuerpos. Pero los cuerpos no tenían aliento. No tenían vida. No había ninguna evidencia de corazones latiendo o pulmones respirando. Por lo tanto, Dios le dijo al profeta que hiciera otra proclamación.

> Luego me dijo: «Hijo de hombre, anuncia un mensaje profético a los vientos. Anuncia un mensaje profético y di: "Esto dice el SEÑOR Soberano: '¡Ven, oh aliento, ven de los cuatro vientos y sopla en estos cuerpos muertos para que vuelvan a vivir!'"». Así que yo anuncié

el mensaje como él me ordenó y entró aliento en los cuerpos. Todos volvieron a la vida y se pusieron de pie; era un gran ejército. (vv. 9-10)

Sin el Espíritu podemos tener huesos, carne, cueros cabelludos y dientes, pero no tenemos vida. Él, y solo Él, es el dador de la vida. Para que no nos perdamos el mensaje, Dios escribe el colofón. «Pondré mi Espíritu en ti, volverás a vivir y regresarás a tu propia tierra. Entonces sabrás que yo, el SEÑOR, he hablado y que he cumplido mi palabra. ¡Sí, el SEÑOR ha hablado!» (v. 14).

Dios cumplió su promesa. Los hebreos regresaron a su tierra natal setenta años después. Y ellos regresarán otra vez en el nuevo reino.

Lo que hizo el Espíritu entonces, lo volverá a hacer en ti.

«Solo el Espíritu da vida eterna; los esfuerzos humanos no logran nada» (Juan 6:63). ¿Ese vacío que sientes? ¿Ese aletargamiento? No lo sanarás con una nueva casa, un nuevo cónyuge, un empleo o piezas de joyería. Una cita distinta o perder peso podría hacerte sentir bien, ¿pero el cambio profundo y duradero que necesitas? Solo el Espíritu puede darlo.

¡Y lo dará!

¿Un matrimonio seco? Él puede avivarlo. ¿Una profesión sin salida? El Espíritu puede soplar en ella. ¿Restos esparcidos de sueños del ayer? El Espíritu de Dios puede reagruparlos y reavivarlos. ¿Sientes como si te hubieran llevado a la cautividad de Babilonia? El Espíritu puede convertir a los cautivos en un ejército.

Su voluntad no es que tengas una existencia carente de vida. Él soplará en tus huesos secos.

Simplemente depende de ti ser un Ezequiel.

¿Sorprendido? «¿Un Ezequiel? ¿Yo?».

Mi invitación no tiene nada que ver con un cambio de nombre, con que te mudes a Israel ni con que te crezca una barba hasta la barriga. Tiene que ver con tu disposición a invitar al Espíritu a las zonas secas y muertas de tu mundo.

La historia de los huesos secos en el valle de la muerte es tan dramática que podríamos pasar por alto un elemento asombroso de este milagro. Ezequiel fue instado a invitarlo. Dios le dijo que profetizara y cuando lo hizo —y solo después de hacerlo—, el viento del cielo comenzó a soplar.

¿Y si el profeta se hubiera negado? ¿Qué habría pasado si lo hubiera rechazado? ¿Qué habría ocurrido si Ezequiel hubiera oído la palabra y se hubiera alejado, diciendo algo como esto: «Eso es demasiado sobrenatural para mí», «Yo soy demasiado novato para que Dios me use», «Dios debe haberme confundido con otro, alguien mejor, más grande o más santo»?

Pero no lo hizo.

¿Y tú?

El soplo del cielo está esperando tu invitación. Proclama una declaración. Expresa una petición sincera. *Espíritu, te doy la bienvenida.*

Él no coacciona, engatusa ni fuerza su camino en nuestras vidas. Él entra cuando se le recibe; así que, por favor, dale la bienvenida.

¿Te parece demasiado simple? Quizá. Tendemos a complicar este asunto de recibir al Espíritu. Creamos siete secretos para caminar en el Espíritu, o diez requisitos para recibir al Espíritu, o pistas santas sobre el Espíritu Santo. Sin embargo, el Espíritu de Dios no es una computadora que se programa. Él es una persona a quien se recibe.

¿Acaso no fue esta la idea que estableció Jesús en el Aposento Alto?

Era la primera Semana Santa y, por lo tanto, el primer culto de adoración de la Semana Mayor. Jesús resucitó de los muertos esa mañana y los discípulos se

> El Espíritu de Dios no es una computadora que se programa. Él es una persona a quien se recibe. ¿Acaso no fue esta la idea que estableció Jesús en el Aposento Alto?

reunieron en el Aposento Alto esa tarde. Habían cerrado la puerta con candado por temor a que los líderes que habían ido por Cristo pudieran ir por ellos.

«De pronto, ¡Jesús estaba de pie en medio de ellos! "La paz sea con ustedes"» (Juan 20:19). Quizá esperaríamos que Jesús mostrara exasperación por su turbación. A fin de cuentas, los ángeles habían hablado. Las rocas se habían partido. El terreno se había estremecido como agua que se derrama. Un lote de tumbas de repente se había quedado sin inquilinos. ¡Alguien rasgó el velo del templo en dos por clamar en voz alta!

¿Pero los discípulos? Estaban temblando como pollitos sin gallina.

Aun así, Jesús apareció. Habían cerrado las puertas para estar a salvo, pero nadie está a salvo del Señor resucitado. «La paz sea con ustedes», dijo tres veces en este breve texto (vv. 19, 21, 26). Las primeras palabras del Jesús resucitado a sus apóstoles fueron de consuelo. De gracia. Pura gracia.

A su regalo de paz le siguió otro de poder. «"Como el Padre me envió a mí, así yo los envío a ustedes". Entonces sopló sobre ellos y les dijo: "Reciban al Espíritu Santo"» (vv. 21-22).

Jesús exhaló y ellos inhalaron. Él sopló sobre sus discípulos como Dios había soplado vida en Adán (Génesis 2:7). Me gusta la traducción que dice: «[Jesús] sopló en ellos y les dijo: "Den la bienvenida al Espíritu Santo"» (Juan 20:22).[1]

Sin condiciones. Sin requisitos previos. Sin desafíos que enfrentar ni obstáculos que saltar. No, Jesús dio su Espíritu como se había dado a sí mismo en la cruz: como un regalo, puro e inmerecido. La pregunta de Pablo a los gálatas es la misma para todos nosotros: «¿Recibisteis el Espíritu por las obras de la ley, o por el oír con fe?» (Gálatas 3:2, RVR1960).

¿La respuesta? ¡Fe! Solo fe. La fe en Cristo es el receptáculo del Espíritu. El evangelio nunca dice: «Límpiate para que Dios pueda entrar», sino que ofrece: «Recibe a Cristo y el Espíritu te limpiará».

A menudo se hace la pregunta: ¿necesita una persona una segunda bendición, una experiencia de posconversión con el Espíritu Santo, para recibir el poder de lo alto? Mi respuesta es: «¡Sí! Y no solo una segunda, sino una tercera y una décima, ¡y mil más!». Creo que recibí una unción fresca del Espíritu esta mañana antes de comenzar a escribir este capítulo.

Esperemos con impaciencia el Espíritu Santo prometido, momento a momento, día a día. Escuchemos de nuevo el mandato de Cristo: reciban el Espíritu Santo. Ya sea que llegue en forma de un soplo suave como en la primera Semana Santa o cual viento recio como en Pentecostés, recibámoslo. Pero guardémonos de establecer un complejo conjunto de requisitos que desanimen y obstaculicen al corazón dispuesto. El Espíritu, como la salvación, se recibe mediante una fe simple.

No tienes que esforzarte por ganarte lo que el Padre tan felizmente quiere dar. Las cautivantes palabras de Jesús vienen a la mente: «¿Qué padre de vosotros, si su hijo le pide pan, le dará una piedra? ¿o si pescado, en lugar de pescado, le dará una serpiente? ¿O si le pide un huevo, le dará un escorpión?» (Lucas 11:11-12, RVR1960).

¡Qué absurdo! Ningún padre haría trucos tan crueles con sus hijos. El más pequeño pide algo de comer y el padre dice: «Claro, cierra tus ojos y extiende tu mano», ¿y entonces pone una araña venenosa en la palma de la mano de su hijo? Si una madre o un padre hiciera algo así, no debería ser padre ni madre.

«Pues si vosotros, siendo malos, sabéis dar buenas dádivas a vuestros hijos, ¿cuánto más vuestro Padre celestial dará el Espíritu Santo a los que se lo pidan?» (Lucas 11:13, RVR1960). Si nosotros, con nuestra propensión al egocentrismo, amamos a nuestros hijos lo suficiente como para guardarlos del mal y darles lo que es bueno, ¿cuánto más hará Dios eso mismo? Y, en su economía, el bien más sublime es el Espíritu Santo.

La ayuda que necesitas está aquí. Pídele al Espíritu Santo que te llene con su poder. ¡Abre la puerta de par en par! ¡Abre del todo las compuertas! Ponte en el umbral, y di: «¡Entra!».

La ayuda que necesitas está aquí. Pídele al Espíritu Santo que te llene con su poder. ¡Abre la puerta de par en par! ¡Abre del todo las compuertas! Ponte en el umbral, y di: «¡Entra!». Inhala a aquel que Jesús exhala. Respira hondo el soplo refrescante del poder y la presencia de Dios. Hazlo ahora, y después otra vez, y otra.

> Espíritu del Dios vivo, sopla.
> Soplo del cielo más alto, sopla.
> Sobre este mundo cansado,
> en nuestros sueños osificados,
> sobre nuestros esqueletos,
> sopla, querido Espíritu, para que vivamos.

Nunca me dijeron nada del abuelo que roncaba. Solo puedo preguntarme qué pensaría el viejo Rumpelstiltskin cuando despertó y notó el pan tostado empapado en su lengua y el sabor a zumo en la boca.

Por supuesto, una cosa es dormirte en la Santa Cena en una residencia de ancianos y otra muy distinta es dormirte en la comunión con el Espíritu del Dios vivo.

Por favor, no cometas ese error. Invítalo a soplar aliento sobre tus huesos.

¿Estás cansado? Inhálalo a él. ¿Se te está acumulando el estrés? Inhálalo a él. ¿Amenaza el temor con consumirte? Respira profundamente el soplo de vida. Poco a poco, una respiración tras otra. Enseguida, antes de que te des cuenta, habrás inhalado Vida en tu vida.

Preguntas de reflexión

PREPARADAS POR ANDREA LUCADO

1

¿El Quién Santo?

1. Las Escrituras nos dicen que la Trinidad está compuesta por tres figuras: Padre, Hijo y Espíritu Santo. ¿Cómo describirías a cada uno?

2. ¿Qué entiendes acerca del Espíritu Santo? ¿Sobre qué está basado tu conocimiento: sobre la enseñanza de la iglesia, el estudio personal u otra cosa?
   - ¿Qué te enseñaron sobre el Espíritu Santo en la iglesia o tus líderes en la fe?
   - ¿Cómo afectó esa enseñanza, o la falta de la misma, la forma en que ves hoy al Espíritu Santo?
   - ¿Qué papel, si tiene alguno, juega el Espíritu Santo en tu vida?

3. Max describe el momento en la secundaria en el que aprendió por primera vez sobre el Espíritu Santo. Le enseñaron que «el Espíritu es un amigo que te da vida y está aquí para guiarte a casa» (p. 5).

   • ¿Estás de acuerdo con esta descripción del Espíritu? ¿Ha demostrado ser un «amigo que te da vida»? Da algún ejemplo.

   • ¿Qué cambiarías o añadirías a esta descripción?

4. Jesús les indicó a sus discípulos que no comenzaran sus ministerios hasta que recibieran al Espíritu Santo. Como dice Lucas 24:49: «Ahora enviaré al Espíritu Santo, tal como prometió mi Padre; pero quédense aquí en la ciudad hasta que el Espíritu Santo venga y los llene con poder del cielo». ¿Qué te dice esto sobre la importancia del Espíritu Santo en nuestra vida y nuestro ministerio?

5. Termina la frase: El Espíritu Santo viene con _____ (p. 8).

   • ¿Qué tipo de poder nos da el Espíritu Santo?

   • Si has experimentado el poder del Espíritu Santo, explica las circunstancias y lo que ocurrió.

   • ¿Cómo supiste que estabas experimentando el poder del Espíritu?

   • ¿Cómo necesitas que el poder del Espíritu obre en tu vida en este momento?

6. Max describe tres clases de relaciones que podemos tener con el Espíritu Santo:

   a. la de *los presuntuosos*, que nos hacen sentir a los demás como si estuvieran más en sintonía con el Espíritu que nosotros,

b. la de *los vigilantes del Espíritu*, que intentan limitar y controlar el papel del Espíritu en sus vidas,

c. y la de *los santos saludables*, que son receptivos al Espíritu y disciernen la voz del Espíritu.

– ¿Con cuál te identificas más y por qué?

– ¿Alguna vez has conocido a algún presuntuoso con respecto al Espíritu Santo? ¿Cómo afectó esta persona tu manera de sentirte con respecto al Espíritu Santo?

– ¿Alguna vez has conocido a alguien que formaba parte de los vigilantes del Espíritu? ¿Cómo afectó esa persona tu manera de sentirte con respecto al Espíritu Santo?

– Examina tu propia relación con el Espíritu Santo. ¿Alguna vez has sido parte de los grupos de los presuntuosos y los vigilantes del Espíritu?

7. La Biblia usa varias metáforas para describir al Espíritu Santo:

• El Espíritu Santo es el *maestro* absoluto (Juan 14:26).

• El Espíritu es el *viento* de Dios (Juan 3:8).

• Él es nuestro *intercesor* (Romanos 8:26).

• Él es el *sello del cielo* sobre el santo (Efesios 1:13).

• Él desciende sobre nosotros como una *paloma* (Mateo 3:16)

• Él nos *equipa* con dones espirituales (1 Corintios 12:1-11).

• Él es el *río de agua viva*, que fluye de nosotros (Juan 7:37-39).

– ¿Alguna vez has experimentado al Espíritu Santo en alguna de las formas recién enumeradas? Si es así, ¿de qué formas?

– ¿Por cuál descripción del Espíritu sientes más curiosidad y por qué?

– ¿Cuál, si hay alguna, te hace ser un tanto escéptico? ¿Por qué?

8. Max plantea esta pregunta: «¿Deseas conocer mejor al Espíritu Santo y nutrir tu relación con él?» (p. 11). ¿Cómo responderías a esto?

- ¿Por qué decidiste leer *Nuestra ayuda fiel*?
- ¿Cómo te sientes con la idea de que el Espíritu te guio a leer este libro y a participar en este estudio?

2

Ven a mi lado

El Espíritu como maestro

1. ¿Cuáles son las cualidades de un buen maestro?
   - ¿Quién es el mejor maestro que has tenido (en la escuela, en la iglesia o en otro lugar)?
   - ¿Qué rasgos hacían que esa persona fuera un buen maestro? En concreto, ¿cómo cambió ese buen maestro tu vida?

2. La palabra griega para Espíritu Santo usada en Juan 14, 15 y 16 es *Paráclito* (Ayudador). ¿Cuáles son las maneras en que esta palabra se puede traducir y cuál es su mensaje central? (Ver p. 18).

3. Lee los siguientes versículos y subraya cada palabra descriptiva o frase usada para el Espíritu Santo.

«Y yo le pediré al Padre, y él les dará otro Abogado Defensor [*Paráclito*], quien estará con ustedes para siempre. Me refiero al Espíritu Santo, quien guía a toda la verdad. El mundo no puede recibirlo porque no lo busca ni lo reconoce; pero ustedes sí lo conocen, porque ahora él vive con ustedes y después estará en ustedes [...] Sin embargo, cuando el Padre envíe al Abogado Defensor [*Paráclito*] como mi representante —es decir, al Espíritu Santo—, él les enseñará todo y les recordará cada cosa que les he dicho». Juan 14:16-17, 26

«A ustedes yo les enviaré al Abogado Defensor [*Paráclito*], el Espíritu de verdad. Él vendrá del Padre y dará testimonio acerca de mí». Juan 15:26

«En realidad, es mejor para ustedes que me vaya porque, si no me fuera, el Abogado Defensor [*Paráclito*] no vendría. En cambio, si me voy, entonces se lo enviaré a ustedes; y cuando él venga, convencerá al mundo de pecado y de la justicia de Dios y del juicio que viene...». Juan 16:7-8

«Cuando venga el Espíritu de verdad, él los guiará a toda la verdad. Él no hablará por su propia cuenta, sino que les dirá lo que ha oído y les contará lo que sucederá en el futuro. Me glorificará porque les contará todo lo que reciba de mí». Juan 16:13-14

- ¿Qué descripción es la que más te habla personalmente? Explícalo.

- ¿Piensas en el Espíritu de las maneras en que se describe en estos versículos: como tu maestro, como alguien que glorifica a Jesús, como el que convence a la gente de pecado, como el portador de la verdad, etc.? ¿Por qué?

4. Max explica que, según las Escrituras, el Espíritu Santo no es *impersonal*. El Espíritu Santo es un ser divino. ¿Por qué es esta una distinción importante?

5. Termina la frase: «El Espíritu tiene una misión global específica. Su tarea es enseñarnos sobre _____» (p. 18).
    - ¿Por qué necesitamos que el Espíritu Santo nos enseñe sobre este tema?
    - ¿Cómo nos enseña el Espíritu Santo sobre este tema?
    - ¿Alguna vez has aprendido algo sobre Jesús de parte del Espíritu Santo? De ser así, ¿qué aprendiste y cómo fue la experiencia?

6. ¿Con qué estás luchando en tu vida en lo que un maestro podría ayudarte día a día?
    - ¿Tienes la seguridad de que el Espíritu Santo responderá y te dará la guía y la enseñanza que necesitas? ¿Por qué?
    - ¿Has visto evidencia de esto en el pasado? Si es así, da un ejemplo.

7. Lee la historia de Pedro y Cornelio en Hechos 10.
    - ¿Qué papel desempeñó el Espíritu Santo en la historia?
    - ¿Qué le dijo a Pedro el Espíritu Santo en los versículos 19 y 20?
    - ¿Cómo respondió Pedro?
    - ¿Qué aprendió finalmente Pedro sobre Dios, Jesús, los judíos y los gentiles en este pasaje?

- ¿Qué te dice esta historia sobre la importancia del Espíritu Santo a la hora de entender el mensaje y el propósito de Jesús?

8. Max hace referencia a una etapa estresante que tuvo al principio de su ministerio, diciendo: «Tenía la impresión de que debía arreglar los problemas de todo el mundo, llevar las cargas de todos y no cansarme nunca» (p. 23).
   - ¿Alguna vez te has sentido así? Quizá te sientes así ahora. ¿Qué cargas estás llevando?
   - ¿Qué revelación tuvo Max con respecto a ese peso de responsabilidad que sentía?
   - ¿Qué puedes hacer para invitar al Espíritu Santo a que te ayude? ¿Cómo podrías confiar en que el Espíritu Santo se ocupará de las cargas que estás llevando en este momento?

3

Iza tu vela

El Espíritu como viento

1. ¿Qué es una fe al estilo barco de remos? ¿Qué es una fe al estilo barco velero? Explica la diferencia entre las dos.

   - ¿Tienes ahora mismo una fe al estilo barco de remos o al estilo barco velero? ¿Qué te hace decir esto?

   - ¿De dónde procede esta mentalidad tipo barco de remos o barco velero: de la iglesia donde creciste, de un mentor, de lo que has leído en la Biblia o de algún aspecto de tu personalidad? Explica tu respuesta.

2. Lee la historia de Nicodemo en Juan 3:1-15.

- En el versículo 3, ¿qué le dice Jesús a Nicodemo que debe hacer para ver el reino de Dios?
- ¿Qué piensas acerca de la respuesta de Nicodemo en el versículo 4?
- Según el versículo 5, ¿cómo dice Jesús que nacemos de nuevo?
- Jesús compara al Espíritu con el viento en el versículo 8. ¿Por qué crees que usó esa metáfora en este pasaje en particular?
- Nicodemo expresó confusión durante su conversación con Jesús. ¿Te deja perplejo algo en este pasaje? De ser así, ¿qué es?
- ¿Te ayuda este pasaje a entender al Espíritu Santo de alguna forma nueva? Explica tu respuesta.
- ¿Qué nos dice esta conversación sobre el Espíritu Santo y su poder en nuestra vida?

3. Max cita al teólogo Abraham Kuyper, que comparó al Espíritu con el viento en que el Espíritu no aparece «en forma visible; él nunca sale del vacío intangible. Rondando, indefinido, incomprensible, se mantiene como un misterio. ¡Él es como el viento! Oímos su sonido, pero no podemos saber si viene o si va. El ojo no lo puede ver, ni lo puede escuchar el oído, mucho menos puede manejarlo la mano» (p. 34).

   - ¿Por qué, como describe Max, es esto una buena noticia?
   - ¿Alguna vez has experimentado al Espíritu Santo de esta forma, como algo que no pudiste ver pero sentiste? De ser así, ¿cómo supiste que estabas experimentando al Espíritu?

4. Max dice que, como hemos «nacido de nuevo» (Juan 3:8), «tenemos su viento, su poder invisible, dentro de nosotros. Albergamos el misterio y la majestad de Dios» (p. 35).

   - Si tienes una fe de tipo barco de remos, ¿cómo podría ayudarte este poder del Espíritu Santo a liberarte del trabajo espiritual que estás haciendo?

   - Quizá tienes un tipo de fe barco de remos solo en algunos aspectos de tu vida. De ser así, ¿cuáles son esas áreas y cómo podrías confiar en la fuerza del Espíritu en las mismas en lugar de confiar en tu propio poder?

5. Termina la frase: «Nicodemo estaba anclado en la palabra _____. El cristiano está anclado en la palabra _____» (p. 36).

   - ¿Qué está «hecho» en la fe cristiana? ¿Realmente lo crees? ¿Por qué?

   - ¿Sugieren tus pensamientos y acciones que crees esta verdad? ¿Por qué?

6. Aunque hayas sido creyente por mucho tiempo, es fácil volver a adoptar una fe tipo barco de remos.

   - ¿Por qué crees que sucede eso?

   - ¿Qué tienes que creer sobre el Espíritu, Jesús o Dios para tener una fe tipo barco velero?

7. Imagina que tienes una fe tipo barco velero, una en la que confías plenamente en el Espíritu en cuanto a todas tus necesidades y luchas. ¿En qué sería distinta tu vida cotidiana de como es ahora?

   - ¿En qué serías distinto tú de como eres ahora?

   - ¿En qué te verías diferente?

   - ¿De qué forma verías a los demás diferentes?

8. Señala una lucha que estés enfrentando hoy.

   - ¿Qué harías si estuvieras remando en tu barco en medio de esa lucha?
   - ¿Qué harías si estuvieras navegando llevado por el viento en medio de esa batalla?
   - ¿De qué forma tienes que confiar en el Espíritu hoy para que te ayude en medio de esa lucha?

4

Gemidos del corazón

El Espíritu como intercesor

1. ¿Qué papel juega la oración en tu vida? ¿Oras a menudo?
   ¿Algunas veces? ¿En raras ocasiones? ¿Tienes una lista o diario
   de oración? ¿Por qué?
   - ¿Alguna vez has sentido que te faltan las palabras
     cuando oras? ¿Por qué te resultó difícil encontrar
     palabras durante ese tiempo de oración?
   - ¿Qué haces cuando no sabes por qué orar?

- Max dice que cuando no sabemos por qué orar, nuestras oraciones son como «gemidos del corazón» (p. 2). ¿Alguna vez has sentido como si tus oraciones fueran solamente gemidos del corazón en lugar de palabras? De ser así, ¿en qué tipo de situación estabas?
- ¿Te ayudó la oración, aun cuando te faltaban las palabras, durante ese tiempo? ¿Por qué?

2. Lee Romanos 8:22-23, 26-27:

    «Sabemos que toda la creación todavía gime a una, como si tuviera dolores de parto. Y no solo ella, sino también nosotros mismos, que tenemos las primicias del Espíritu, gemimos interiormente, mientras aguardamos nuestra adopción como hijos, es decir, la redención de nuestro cuerpo [...] Así mismo, en nuestra debilidad el Espíritu acude a ayudarnos. No sabemos qué pedir, pero el Espíritu mismo intercede por nosotros con gemidos que no pueden expresarse con palabras. Y Dios, que examina los corazones, sabe cuál es la intención del Espíritu, porque el Espíritu intercede por los creyentes conforme a la voluntad de Dios» (NVI).

    - Según este pasaje en el contexto de la oración, ¿qué hace el Espíritu por nosotros y cuándo?
    - ¿Alguna vez has pensado en el Espíritu intercediendo por ti en oración? ¿Cómo te hace sentir esta idea? ¿Esperanzado? ¿Confundido? ¿Escéptico? ¿Por qué?

3. Max señala que la palabra que usó Pablo en Romanos 8:26 para *debilidad* es la misma que empleó en los demás lugares de las Escrituras para referirse a la enfermedad física. ¿Alguna vez alguien que conoces o tú han estado enfermos hasta el punto de no saber ni siquiera por qué orar? ¿Por sanidad? ¿Por los doctores? ¿Por la medicina? ¿Por un milagro? ¿Cómo fue orar durante ese tiempo difícil?

- Quizá no has estado físicamente enfermo hasta ese punto, pero habrás tenido épocas de debilidad por perder un empleo, perder a alguien a quien amabas o pasar por un divorcio. Max describe esto como un tiempo en el que hay «una brecha entre lo que queremos de la vida y lo que obtenemos de ella» (p. 44) ¿Por qué cosa oraste durante ese tiempo?
- Cuando estás débil, ¿te resulta difícil orar? ¿Por qué?

4. ¿Alguna vez te has sentido presionado a orar por lo «correcto»?
   - De ser así, ¿de dónde crees que viene esa presión?
   - ¿Cómo afecta esa presión tu vida de oración?
   - ¿Cómo afectaría tu vida de oración si confiaras en lo que dice Romanos: «El Espíritu mismo intercede por nosotros» (8:26, RVR1960)?

5. Max usa una historia de su tiempo en Brasil para ilustrar cómo intercede el Espíritu por nosotros. ¿Alguna vez alguien ha intercedido por ti como Quenho lo hizo por Max? De ser así, ¿quién fue y cómo afectó la situación la intercesión de esa persona?
   - ¿Cómo te hace sentir en cuanto a tus oraciones el hecho de saber que el Espíritu está intercediendo por ti?
   - ¿Cómo podría cambiar tu forma de orar si crees que el Espíritu está intercediendo por ti?
   - ¿Qué nos dice la intercesión del Espíritu sobre el carácter de Dios y lo que siente por sus hijos?
   - ¿Alguna vez has experimentado la paz de la oración cuando alguien oró por ti?

6. La versión Nueva Traducción Viviente expresa así Romanos 8:27-28: «El Espíritu intercede por nosotros, los creyentes, en armonía con la voluntad de Dios. Y sabemos que

Dios hace que todas las cosas cooperen para el bien de quienes lo aman».

- ¿Cuál es la promesa de este pasaje?
- ¿Hay algo en tu vida en este momento para lo cual no puedes encontrar las palabras a fin de expresarlo en oración? De ser así, ¿cómo podrías aplicar este pasaje a esa situación? ¿Qué tipo de esperanza podría darte hoy esta promesa?

5

Una salvación segura

El Espíritu como sello

1. Max comparte una historia de un viaje que hizo para ver a sus abuelos cuando era niño. Su padre le había metido en el bolsillo un pedazo de papel que decía: «Este niño pertenece a Jack y Thelma Lucado» (p. 52). Si hubieras hecho un viaje así en tu niñez, ¿qué nombres se habrían escrito en tu pedazo de papel? ¿Quién te daba un sentimiento de seguridad y pertenencia?

    • ¿Cómo te afectó este sentimiento de pertenencia en tu infancia?

- Si no creciste con un buen sentimiento de pertenencia, ¿cómo te afectó eso?

- ¿Por qué crees que es importante tener un firme sentimiento de pertenencia a nuestra familia, amigos y comunidad?

2. Según Efesios 1:13 y 4:30, ¿a quién le pertenecemos?
   - ¿Cuál es la importancia del verbo se*llado?*
   - Max define sellar como el acto que dice: «Esto es mío y está protegido» (p. 53). ¿Te sientes así con respecto a algo o alguien cercano? De ser así, ¿a qué o quién?
   - Considerando esto, ¿qué significa que Dios te haya sellado para él mismo con el Espíritu Santo?

3. Lee Romanos 8:14-17:

   «Pues todos los que son guiados por el Espíritu de Dios son hijos de Dios. Y ustedes no han recibido un espíritu que los esclavice al miedo. En cambio, recibieron el Espíritu de Dios cuando él los adoptó como sus propios hijos. Ahora lo llamamos "Abba, Padre". Pues su Espíritu se une a nuestro espíritu para confirmar que somos hijos de Dios. Así que como somos sus hijos, también somos sus herederos».
   - ¿Qué espíritu *no* hemos recibido?
   - ¿Qué espíritu *hemos* recibido?
   - ¿Cuándo recibimos ese espíritu?
   - Según la ley romana, ¿qué sucedía cuando un niño era adoptado? (Ver p. 55).
   - ¿Qué significa eso para nuestra relación con Dios?
   - ¿Qué te dice eso sobre quién eres en Cristo?

4. Max destaca que, en el Antiguo Testamento, se hace referencia a Dios como padre quince veces. En el Nuevo Testamento, sin

embargo, se hace referencia a Dios como padre más de doscientas veces. ¿Te relacionas con Dios como tu padre? Si no, ¿cómo te relacionas con Dios o cómo lo ves?

- ¿Cómo te afectaría si pensaras en Dios como un buen padre?
- ¿Qué papel juega el Espíritu al permitirnos relacionarnos con Dios como nuestro padre? (Ver Gálatas 4:6-7 y Romanos 5:5).

5. Segunda de Corintios 1:21-22 dice: «Es Dios quien nos capacita, junto con ustedes, para estar firmes por Cristo. Él nos comisionó y nos identificó como suyos al poner al Espíritu Santo en nuestro corazón como un anticipo que garantiza todo lo que él nos prometió». ¿Qué hace el Espíritu a nuestra salvación?

- En este punto en tu viaje de fe, ¿te sientes seguro de tu salvación? ¿Por qué sí o por qué no?
- ¿Cómo podría la promesa de ser sellado en el Espíritu afectar tu forma de sentirte con respecto a tu salvación?
- Max plantea una pregunta: «¿Por qué es importante esta seguridad?» (p. 58). ¿Cómo responderías a esto?
- ¿Cómo actúas cuando te sientes inseguro?
- ¿Cómo actúas cuando te sientes seguro?
- Si estuvieras completamente seguro de tu salvación, ¿cambiaría eso tu forma de actuar hoy, tu modo de sentirte contigo mismo, o tu manera de sentir con respecto a los demás? De ser así, ¿cómo?

6. Primera de Juan 4:18 sugiere que si tememos por nuestra salvación, es porque no hemos experimentado el perfecto amor de Dios: «Si tenemos miedo es por temor al castigo, y esto muestra que no hemos experimentado plenamente el perfecto amor de Dios».

- ¿Sientes que has experimentado el perfecto amor de Dios? De ser así, ¿cómo lo sabes? Si no, ¿qué tipo de amor has sentido de parte de Dios?

- Max define el perfecto amor de Dios de este modo: «Dios te ama con un amor perfecto: con conocimiento perfecto de tus errores pasados y con conocimiento perfecto de tus futuros traspiés, y sin embargo, está totalmente dispuesto a amarte a pesar de ambas cosas» (p. 59). Cuando no experimentamos el perfecto amor de Dios, no es porque su amor no sea perfecto. A menudo es porque no estamos dispuestos a aceptarlo. ¿Te resulta difícil aceptar el perfecto amor de Dios? ¿Por qué sí o por qué no?

- Con lo que has aprendido sobre el Espíritu en este capítulo, ¿cómo podrías dejar que Dios te ame hoy a su manera perfecta?

6

Calma este caos

El Espíritu como paloma

1. Llena los espacios en blanco: «La ansiedad no es una señal de
    _____, aunque nos _____» (p. 64).
    - ¿Qué te está causando ansiedad en este instante?
    - ¿Cómo te afecta la ansiedad espiritual, física y
      emocionalmente?

2. Génesis 1:2 dice: «Y la tierra estaba desordenada y vacía, y las
    tinieblas estaban sobre la faz del abismo, y el Espíritu de Dios
    se movía sobre la faz de las aguas» (RVR1960). ¿Cuál es el pro-
    pósito del Espíritu Santo en este pasaje?

- ¿Qué es importante acerca del verbo *moverse?*
- ¿Qué fue posible después de que el Espíritu calmó la tierra?

3. ¿Alguna vez has pensado en el Espíritu Santo como una presencia tranquilizante? ¿Por qué?
   - ¿Has conocido alguna vez la calma del Espíritu Santo? De ser así, ¿cómo explicarías la experiencia?
   - ¿Esa paz del Espíritu Santo era distinta a la que has experimentado en tu vida? Si es así, ¿de qué modo?

4. Los cuatro Evangelios narran el bautismo de Jesús y la venida del Espíritu Santo sobre él como una paloma. Imagínate la escena.
   - ¿Qué crees que vieron los testigos?
   - ¿Cómo crees que esta demostración del Espíritu hizo sentir a Jesús?
   - Enumera las características físicas y de personalidad que conoces sobre las palomas: _____, _____,

     _____
   - ¿Qué nos dice esta imagen sobre el Espíritu?

5. Max destaca que la paloma era un símbolo femenino en tiempos bíblicos y que la palabra hebrea usada para «Espíritu» es femenina. ¿Cuáles son algunas características únicamente femeninas o maternales?
   - ¿A qué mujer de tu círculo has acudido en busca de consuelo?
   - ¿Qué consuelo concreto te aportó esa persona?
   - ¿Por qué es importante que el Espíritu tenga estas cualidades femeninas y maternales?
   - ¿Cómo te sientes con la imagen del Espíritu Santo como alguien femenino o maternal? ¿Te resulta algo

útil? ¿Extraño o nuevo? ¿Te resistes a eso? Explica
tu respuesta.

6. ¿Cómo lidias normalmente con la ansiedad?
   - ¿Qué mecanismos de defensa ayudan y por qué?
   - ¿Cuáles se quedan cortos y por qué?

7. ¿Qué sugiere Max para combatir la ansiedad? (Ver p. 72).
   - ¿Alguna vez has usado la alabanza o la adoración para luchar contra la ansiedad? De ser así, ¿cómo te resultó la experiencia?
   - ¿De qué maneras nos consuelan la alabanza y la adoración cuando estamos cargados por la ansiedad?
   - ¿Qué papel puede jugar el Espíritu Santo para luchar contra la ansiedad con alabanza y adoración?

8. Piensa en alguna ocasión en la que te sintieras consolado por la persona que escribiste en la pregunta 5 o por la alabanza y la adoración. ¿Qué aspecto de esa persona o experiencia te produjo un sentimiento de paz?
   - ¿Cómo podrías aplicar ese tipo de consuelo a la ansiedad que estás enfrentando hoy?
   - Pasa un tiempo en oración pidiéndole consuelo al Espíritu. Presta atención a cualquier palabra consoladora o sentimiento de paz que el Espíritu te pueda ofrecer.

7

Cómo escuchar a Dios

El Espíritu como columna de nube y de fuego

1. ¿Cuándo fue la última vez que tuviste que tomar una decisión importante? ¿Qué estabas intentando decidir?
   - ¿Cómo tomaste finalmente tu decisión? ¿Pasaste tiempo orando, hablando con amigos, escuchando pros y contras, o algo más?
   - ¿Cómo te hizo sentir ese proceso de toma de decisión?
   - ¿Te resulta difícil tomar grandes decisiones? ¿Por qué?

2. ¿Cómo dirigió Dios a los israelitas tras huir de Egipto?

- Los israelitas acababan de pasar por una experiencia traumática. (Puedes leer más sobre su historia en los capítulos anteriores a Éxodo 13). ¿Cómo respondieron a la guía de Dios?

- ¿Te gustaría tener una señal clara de Dios sobre cada paso que deberías dar en la vida?

- ¿Por qué crees que Dios ya no nos guía con columnas de fuego y de nube?

3. Según Isaías 63:11-14, ¿quién era la columna de nube y la columna de fuego? ¿Por qué los israelitas necesitaron este tipo de guía?

4. Max dice: «¿Quién guía a los hijos de Dios hoy? ¡El Espíritu Santo! Tenemos lo que los hebreos tenían, menos el maná» (p. 80).

- ¿Alguna vez has involucrado conscientemente al Espíritu Santo en tu proceso de toma de decisiones? ¿Por qué?

- Si lo has hecho, ¿sentiste la guía del Espíritu Santo? De ser así, ¿cómo?

5. Lee Romanos 12:2:

«No imiten las conductas ni las costumbres de este mundo, más bien dejen que Dios los transforme en personas nuevas al cambiarles la manera de pensar. Entonces aprenderán a conocer la voluntad de Dios para ustedes, la cual es buena, agradable y perfecta».

- ¿Qué nos dice este versículo que hagamos a fin de conocer la voluntad de Dios para nosotros?

- ¿A qué conductas y costumbres del mundo crees que se refería Pablo aquí?

- El hecho de que sigamos esas costumbres, ¿cómo puede impedir que conozcamos la voluntad de Dios para nosotros?

- ¿Alguna vez has «seguido a la multitud» en una dirección que te llevó a un mal lugar? De ser así, ¿cuáles fueron las consecuencias?

- ¿Alguna vez has resistido la tentación de seguir a la multitud? De ser así, ¿a dónde te guio Dios en cambio?

6. Max dice: «Si quieres oír a Dios, la primera pregunta que tienes que hacerte no es "¿Qué debería hacer?", sino "¿A quién escucharé? ¿Quién tiene autoridad? ¿Quién está al mando de mi vida?"».

- ¿Quién está al mando de tu vida en este momento?

- ¿Te está guiando esta voz a donde crees que Dios quiere que vayas? Explícalo.

7. Cuando Moisés construyó el tabernáculo como Dios le ordenó, las Escrituras dicen: «Entonces una nube cubrió el tabernáculo de reunión, y la gloria de Jehová llenó el tabernáculo» (Éxodo 40:34, RVR1960).

- ¿Dónde habitó el Espíritu de Dios a partir de ese momento?

- ¿Por qué crees que Dios hizo eso con los israelitas?

- ¿Qué significado tiene esto para nosotros?

- ¿Crees que el Espíritu Santo vive en ti? De ser así, ¿cómo lo sabes? Si no, ¿por qué?

8. Cuando estamos intentando discernir la voluntad de Dios para nuestra vida, Max dice: «Acude primero a la palabra. Después acude a la voz» (p. 84).

- ¿Cómo puede ayudarnos la Escritura en nuestra toma de decisiones?
- ¿Alguna vez te ha ayudado la Escritura a tomar una decisión? De ser así, ¿cómo?
- ¿Cuál es la voz a la que se refiere Max?
- ¿Eres capaz de oír esa voz? De ser así, ¿tienes un ejemplo de una vez en la que esta voz te dio una guía para decidir qué hacer después?
- De lo que has aprendido en este capítulo, ¿cómo crees que es la voz del Espíritu?
- ¿Cómo no es?
- ¿Por qué es importante esta distinción?

8

Alma encendida

El Espíritu como una llama

1. Cuando oyes frases como «prendido para el Señor» o «encendido con el Espíritu», ¿qué significan para ti esas frases?
   - ¿Alguna vez te has sentido así en tu vida espiritual? De ser así, ¿cuándo?
   - Si no has oído frases como esas hasta ahora, ¿qué piensas de ellas? ¿Son raras o confusas? ¿Te identificas con ellas? Explica tu respuesta.

2. En este capítulo, Max explica tres formas en las que el Espíritu Santo es como el fuego. La primera es un fuego purificador. Como dice Malaquías 3:2-3:

«Porque él es como fuego purificador, y como jabón de lavadores. Y se sentará para afinar y limpiar la plata; porque limpiará a los hijos de Leví, los afinará como a oro y como a plata, y traerán a Jehová ofrenda en justicia» (RVR1960).

- Según este pasaje, ¿qué hace un fuego purificador?
- ¿Cuál es el material resultante después de un fuego purificador?

3. Cuando intentas imaginar al Espíritu Santo como fuego purificador, ¿te sientes tranquilo o nervioso, o ansioso o temeroso? ¿Puedes explicar las razones de tu respuesta?

- ¿Alguna vez has experimentado el poder purificador del Espíritu Santo en tu vida? De ser así, ¿cómo te cambió el Espíritu en este proceso?
- ¿Hay algo en tu vida que necesite esta obra del Espíritu: un mal hábito, un patrón de pecado, una relación tóxica?
- ¿Cómo podrías invitar al Espíritu para que purifique esa área de tu vida?

4. Completa la frase: «La victoria sobre el pecado es el resultado de la presencia del _____ ____ _____ en nuestro interior» (p. 94).

- ¿Qué papel desempeña esto en nuestra estrategia para vencer al pecado en nuestra vida?
- ¿Cómo intentas normalmente abordar tu pecado?
- ¿Te funciona esa estrategia? Explícalo.
- ¿Cuál es la diferencia entre lo que escribió Pablo en Romanos 7 y Romanos 8?
- ¿Cómo podrías usar más al Espíritu Santo y menos al «yo» cuando se trata de enfrentar tu pecado?

5. La segunda manera en que el Espíritu Santo es como el fuego es en su energía. Max comparte una historia sobre un estudiante que había perdido su pasión por su fe. ¿Cuál fue la razón por la que el estudiante perdió su pasión, según su pastor?
   - ¿Qué papel desempeña la comunidad en tu fe?
   - ¿Alguna vez has pasado por una etapa, o quizá estás en una ahora, sin una iglesia o comunidad de fe? ¿Cómo afectó eso tu fe?

6. Hebreos 10:24-25 dice: «Pensemos en maneras de motivarnos unos a otros a realizar actos de amor y buenas acciones. Y no dejemos de congregarnos, como lo hacen algunos, sino animémonos unos a otros, sobre todo ahora que el día de su regreso se acerca».
   - Según estos versículos, ¿cómo nos ayuda la comunidad a purificarnos?
   - ¿Cómo nos anima la comunidad en nuestra fe?

7. Por último, el Espíritu Santo es como el fuego en cuanto a que nos protege. Dios dice en Zacarías 2:5: «En torno suyo [...] seré un muro de fuego, y dentro de ella seré su gloria» (NVI).
   - ¿De qué necesitas protección espiritual? ¿Pecado, pensamientos afanosos, temores?
   - ¿Cómo te hace sentir saber que puedes ser protegido de esas cosas por el fuego del Espíritu Santo?

8. ¿De qué formas necesitas el fuego del Espíritu Santo hoy?
   - ¿De qué maneras necesitas la purificación del Espíritu Santo?
   - ¿De qué modos necesitas la energía del Espíritu Santo?
   - ¿De qué formas necesitas la protección del Espíritu Santo?

9. Termina tu tiempo de estudio meditando en las palabras de David en Salmos 139. Ora para que el Espíritu Santo vea cada parte de ti y haga una obra poderosa.

Examíname, oh Dios, y conoce mi corazón; pruébame y conoce los pensamientos que me inquietan. Señálame cualquier cosa en mí que te ofenda y guíame por el camino de la vida eterna (vv. 23-24).

9

Huellas aceitosas

El Espíritu como aceite de la unción

1. ¿Alguna vez te han dado un nuevo título o un nuevo papel? Quizá te asignaron una nueva posición en el trabajo o asumiste un nuevo papel en la vida como «mamá» o «tío».
   - Piensa en alguna ocasión en la que recibiste una nueva tarea.
   - ¿Hubo algún tipo de ritual, ceremonia o celebración para distinguir ese cambio? De ser así, ¿por qué lo distinguiste de esa forma?
   - ¿Por qué crees que las culturas tienen rituales y celebraciones para distinguir cambios como estos en nuestra vida?

2. Lee los siguientes pasajes.

   «Samuel tomó el frasco de aceite de oliva que había traído y ungió a David con el aceite. Y el Espíritu del Señor vino con gran poder sobre David a partir de ese día» (1 Samuel 16:13).

   «Y unge a Eliseo, hijo de Safat, de la tierra de Abel-mehola, para que tome tu lugar como mi profeta» (1 Reyes 19:16).

   «Por eso, oh Dios, tu Dios te ha ungido derramando el aceite de alegría sobre ti más que sobre cualquier otro» (Hebreos 1:9).

   «El Espíritu del Señor está sobre mí, porque me ha ungido» (Lucas 4:18).

   - En estos pasajes, ¿qué papel desempeña el aceite?
   - ¿Cuál era el significado de ungir a alguien con aceite?
   - ¿En qué se parece este ritual de ungir a alguien con aceite al ritual o la celebración que mencionaste en la pregunta 1? ¿En qué se diferencian?

3. Según 2 Corintios 1:21-22, ¿cómo nos ha ungido Dios?
   - Considerando el pasaje de la pregunta 2, ¿cómo cambia nuestra identidad esta unción?
   - ¿Cómo te sientes con la imagen de ser ungido con el Espíritu? ¿Es este un concepto familiar o extraño para ti? Explica tu respuesta.

4. Cuando Moisés ungió a Aarón y a sus hijos, eso marcó su nueva identidad como sacerdotes del Señor. ¿Cuál dice Max que fue el significado de esto? (Ver p. 105).

5. Primera de Juan 2:20 dice que tenemos una unción similar a la de Aarón: «Pero ustedes no son así, porque el Santo les ha dado su Espíritu, y todos ustedes conocen la verdad».
   - ¿Qué dice tu unción acerca de tu propósito?
   - ¿Qué dice tu unción acerca del favor de Dios sobre ti?
   - ¿Qué dice tu unción acerca de tu autoridad?

6. Hechos 2:17 dice: «En los últimos días —dice Dios—, derramaré mi Espíritu sobre toda la gente». ¿Qué es importante acerca del verbo *derramar*?

7. «Tú has sido ungido por el Espíritu Santo. Esta unción lo cambia todo», dice Max (p. 106). ¿Sientes que la unción del Espíritu Santo te ha cambiado? De ser así, ¿en qué aspectos?
   - Si no estás seguro, ¿cómo podrías tener la seguridad de que esta unción cambia tu forma de pensar y sentir con respecto a ti mismo?
   - ¿Cómo podría cambiar tu forma de relacionarte con otros?
   - ¿Cómo podría cambiar tu forma de ver tu propósito en la vida?

8. Max comparte una historia de cómo el poder del Espíritu Santo intervino en una conversación que estaba teniendo con un amigo.
   - ¿Qué hizo Max durante esa conversación?
   - ¿Cómo respondió el Espíritu Santo?
   - ¿Ha intervenido el Espíritu alguna vez por ti de esta forma, dándote sabiduría o un conocimiento que no podrías haber tenido de otra manera? De ser así, ¿qué te enseñó o te mostró el Espíritu?

9. ¿Cómo sería tu día si te recordaras constantemente que estás ungido por el Espíritu Santo, que el poder del Espíritu ha sido derramado sobre ti y que ahora caminas con la autoridad del Espíritu?

10

La ola venidera

El Espíritu como un
río de agua viva

1. Max describe el estado del cristianismo en Estados Unidos a finales del siglo dieciocho. ¿Cómo es comparable ese panorama espiritual al que ves hoy a tu alrededor?
   - ¿Está vivo el cristianismo donde tú vives o está menguando en su influencia?
   - ¿Cómo te sientes en cuanto al estado de la fe en tu comunidad?

2. ¿Cómo definirías el *avivamiento?*

- ¿Alguna vez has sido parte de un avivamiento o has sido testigo de alguno? De ser así, ¿cómo fue para ti o para quienes fueron parte de ello?
- ¿Has experimentado alguna vez un avivamiento personal, un avivamiento de tu propia fe? De ser así, ¿qué propició ese avivamiento en tu caso?

3. Lee Juan 7:37-39:

El último día del festival, el más importante, Jesús se puso de pie y gritó a la multitud: «¡Todo el que tenga sed puede venir a mí! ¡Todo el que crea en mí puede venir y beber! Pues las Escrituras declaran: "De su corazón, brotarán ríos de agua viva"». (Con la expresión «agua viva», se refería al Espíritu, el cual se le daría a todo el que creyera en él; pero el Espíritu aún no había sido dado, porque Jesús todavía no había entrado en su gloria).

Jesús dijo estas palabras al final de la Fiesta de los Tabernáculos, donde se celebraba el milagro de la roca que dio agua a Moisés y su pueblo. Lee la historia en Éxodo 17:1-7.

- ¿Cuál es la importancia de que Jesús dijera estas palabras durante una fiesta que conmemoraba este milagro?
- Si hubieras estado entre la multitud ese día, y estuvieras familiarizado con el milagro durante el tiempo de Moisés, ¿qué habrías pensado de las palabras de Jesús?
- ¿Qué simboliza el «agua viva»?

4. Max destaca la importancia de estas palabras: «¡Todo el que tenga sed puede venir a mí [...] y beber!» (v. 37).

- Según este pasaje ¿quién está invitado a acudir a Jesús y beber?
- ¿Qué promesa te da?
- ¿Sientes una sed espiritual de algo en tu vida en este momento? De ser así, ¿de qué?
- ¿Cómo has intentado apagar esa sed?
- Según este pasaje, ¿a quién deberíamos acudir para saciar nuestra sed?
- ¿De qué formas únicas puede Jesús saciar nuestra sed espiritual?

5. Después Jesús dijo: «Todo el que crea en mí [...] De su corazón, brotarán ríos de agua viva» (v. 38).
   - ¿Qué quiso decir Jesús con esas palabras?
   - Max dice que, cuando el Espíritu fluye de los seguidores de Cristo, «refrescamos, suavizamos, ablandamos. El Espíritu Santo fluye de nosotros hasta los lugares secos del mundo» (p. 117). ¿Alguna vez ha obrado el Espíritu a través de ti de esta forma? De ser así, ¿cuál fue el resultado?
   - ¿O has experimentado alguna vez al Espíritu de esta forma a través de otra persona? De ser así, ¿cómo te afectó el Espíritu fluyendo de esa persona?

6. Max dice que el Espíritu fluyendo de nosotros puede conducir al avivamiento (p. 117). ¿Cómo sería si en tu comunidad o ciudad cada uno de los seguidores de Cristo de esa zona permitiera al Espíritu Santo fluir a través de él o ella? ¿Qué cambiaría?
   - ¿Qué nos impide dejar que el Espíritu fluya de nosotros?
   - ¿Te imaginas que hoy en tu ciudad podría suceder un avivamiento como el que hubo en Cane Ridge? Explica tu respuesta.

- ¿Qué oraciones haces por tu ciudad?
- ¿Qué papel podrías desempeñar para que estas oraciones fueran una realidad en tu comunidad?

7. Max escribió una breve oración al final de este capítulo: *Dios, por favor, derrama agua viva sobre tus hijos y a través de ellos. Que seamos fuentes de vida y amor en cada lugar donde vayamos. Queremos ser siervos útiles.* ¿Cómo podrías ser tú una fuente de vida y amor dondequiera que vayas hoy?

11

Habla

El Espíritu como lenguas de fuego

1. Al comienzo de este capítulo conocimos a un nuevo Pedro, un
   Pedro que era valiente y predicaba las buenas nuevas durante
   Pentecostés. Lee Hechos 2:14, 38-39:

   Entonces Pedro, con los once, se puso de pie y dijo a voz
   en cuello: «Compatriotas judíos y todos ustedes que están
   en Jerusalén, déjenme explicarles lo que sucede; presten
   atención a lo que les voy a decir [...] Arrepiéntase y bautícese cada uno de ustedes en el nombre de Jesucristo para
   perdón de sus pecados [...] y recibirán el don del Espíritu
   Santo. En efecto, la promesa es para ustedes, para sus hijos

y para todos los extranjeros, es decir, para todos aquellos
a quienes el Señor nuestro Dios quiera llamar» (NVI).

- ¿Qué tres cosas hizo Pedro en el versículo 14?
- ¿Cómo describirías el tono de sus palabras a
  la multitud?

2. Lee lo que hizo Pedro después de la Pascua y antes de la cruci-
   fixión de Jesús (Lucas 22:54-62).
   - ¿Cómo describirías a Pedro en este pasaje?
   - ¿Cómo se compara su conducta en Lucas 22 con la que
     muestra en Hechos 2?
   - En tu fe, en este momento, ¿te sientes más como un
     Pedro en la Pascua o como un Pedro en Pentecostés?
     ¿Por qué?

3. ¿Conoces a alguien que tenga una fe de Pentecostés fuerte como
   la de Pedro? De ser así, ¿qué cualidades tiene esa persona?
   - ¿Qué hace que la fe de esa persona sea fuerte y valiente
     como fue la de Pedro en Pentecostés?
   - ¿Cómo responderías a la pregunta de Max sobre el
     Pedro de Pentecostés: «¿Qué le sucedió a Pedro?»
     (p. 123).

4. Lee Hechos 2:2-6:

   De repente, vino del cielo un ruido como el de una violenta
   ráfaga de viento y llenó toda la casa donde estaban reunidos. Se les aparecieron entonces unas lenguas como de
   fuego que se repartieron y se posaron sobre cada uno de
   ellos. Todos fueron llenos del Espíritu Santo y comenzaron

a hablar en diferentes lenguas, según el Espíritu les concedía expresarse.

Estaban de visita en Jerusalén judíos piadosos, procedentes de todas las naciones de la tierra. Al oír aquel bullicio, se agolparon y quedaron todos pasmados porque cada uno los escuchaba hablar en su propio idioma (NVI).

- ¿Cómo llegó el Espíritu?
- ¿Cómo se veía el Espíritu?
- ¿A quiénes llenó el Espíritu?
- ¿Para hacer qué facultó el Espíritu a las personas que estaban allí reunidas ese día?
- ¿Por qué es importante que este acto del Espíritu ocurriera en Jerusalén durante Pentecostés?
- ¿Cuántas naciones había representadas en la casa ese día?
- ¿Qué te dice esta historia sobre el poder del Espíritu Santo?
- ¿Qué te dice sobre aquellos con los que el Espíritu puede trabajar?

5. En Hechos 2:12, testigos de este suceso del Espíritu preguntaron: «¿Qué quiere decir esto?» (RVR1960). ¿Cómo responderías a esta pregunta?

6. ¿Alguna vez has sentido que te faltaban las palabras al compartir tu fe? ¿O alguna vez has lamentado no hablar sobre tu fe?
- De ser así, ¿qué hizo que te quedaras callado o por qué te fue difícil encontrar las palabras que querías decir?
- ¿Qué nos dice la historia de Pentecostés en cuanto a compartir nuestra fe con otros?
- ¿Quién ha compartido su fe contigo?

- ¿Qué palabras usaron?
- ¿Qué crees que fue lo que les hizo ser capaces de compartir sus creencias contigo?

7. Max cuenta las historias de tres personas comunes y corrientes que experimentaron una conversión profunda que después compartieron con otros: Brenda Jones, Antenor Goncalves (y su padre), y Mike, el amigo de Max en la secundaria. De estas tres historias, ¿con cuál te identificas más y por qué?
    - ¿Qué tenían en común las tres personas?
    - ¿Cómo compartieron sus experiencias de fe en maneras distintas?
    - ¿Qué impacto tuvo en otros el hecho de que difundieran su fe?
    - ¿Qué te dice esto sobre las distintas maneras en que el Espíritu puede usarnos para hablar de Dios con nuestros vecinos?
    - ¿Cómo podría usarte el Espíritu? ¿Te gusta compartir tu fe con las personas individualmente como Brenda, predicando como Antenor, o mediante tus acciones como Mike?

8. ¿Qué es un Ebenezer?
    - ¿Tienes algún Ebenezer en tu vida? De ser así, ¿cuáles son y por qué son momentos significativos para ti?
    - ¿Te sientes llamado a compartir tu historia de fe con alguien cercano o mediante la escritura o la enseñanza? De ser así, ¿con quién quieres compartir tu historia, y cómo podrías contarle a esa persona o grupo de personas sobre tu Ebenezer?
    - Si eres reticente a contar tu historia de fe, ¿cómo podría este Ebenezer animarte a hacerlo?

12

Te desataste

El Espíritu como dador de dones

1. ¿Qué sabías acerca de los dones espirituales antes de leer
   este capítulo?
   - ¿Tienes algún o algunos dones espirituales? De ser
     así, ¿cuáles son y cuándo te diste cuenta de que
     eran dones?
   - Si no estás muy familiarizado con la idea de los dones
     espirituales, ¿es esto algo que te gustaría explorar?
     ¿Qué preguntas tienes?

2. Max hace referencia a cinco pasajes que hablan sobre los
   dones del Espíritu: 1 Corintios 12:8-10; 1 Corintios 12:28-30;

Romanos 12:6-8; Efesios 4:11-12; y 1 Pedro 4:10. Lee estos pasajes y escribe cada don que mencionan.
- ¿Cuántos dones del Espíritu encuentras aquí?
- ¿Qué dones de estas listas crees que tienes?
- ¿Consideras que algunos dones son más importantes que otros? De ser así, ¿cuáles y por qué?

3. Completa los espacios en blanco: «La presencia de dones requiere de _____ para usarlos _____» (p. 139).
   - ¿Cómo podría alguien usar un don espiritual de una forma necia o inmadura?
   - ¿Has usado tú, o alguien que conozcas, alguna vez un don espiritual? De ser así, ¿cuál fue el resultado?
   - ¿Cuál es el peligro de usar mal un don espiritual?

4. ¿Cuál es la diferencia entre un talento natural y un don espiritual?
   - ¿Cuáles son algunos de tus talentos naturales?
   - ¿Cuáles son tus dones espirituales?
   - ¿Usas alguno de tus talentos naturales para los propósitos de Dios? De ser así, ¿cómo? Si no, ¿te imaginas una manera de hacerlo?

5. ¿Cuáles son los dones de discernimiento?
   - ¿Tienes tú, o alguien que conozcas, alguno de estos dones?
   - Si tienes un don de discernimiento, ¿cómo te ha sido útil este don en tu vida espiritual?
   - O si has conocido a alguien que tiene un don de discernimiento, ¿el don de esa persona ha bendecido tu peregrinaje espiritual? De ser así, ¿cómo?

6. ¿Cuáles son los dones dinámicos?

- ¿Tienes tú, o alguien que conozcas, alguno de estos dones?
- Si tienes un don dinámico, ¿cómo te ha sido útil en tu vida espiritual?
- O si has conocido a alguien que tiene un don dinámico, ¿el don de esa persona ha bendecido tu peregrinaje espiritual? De ser así, ¿cómo?

7. ¿Cuáles son los dones declarativos?
    - ¿Tienes tú, o alguien que conozcas, alguno de estos dones?
    - Si tienes un don declarativo, ¿cómo te ha sido útil en tu vida espiritual?
    - O si has conocido a alguien que tiene un don declarativo, ¿el don de esa persona ha bendecido tu peregrinaje espiritual? De ser así, ¿cómo?

8. Max comparte su historia en cuanto a recibir el don de hablar en lenguas a pesar de tener a veces sentimientos y pensamientos mezclados sobre este don en su ministerio. ¿Eres reticente o escéptico con algún don? De ser así, ¿con cuáles y por qué?
    - Lo que aprendiste en este capítulo ¿ha afectado o cambiado en algo esas reticencias? De ser así, ¿cómo?
    - Quizá tienes un largo historial con los dones espirituales o una profunda creencia en ellos. De ser así, ¿cómo te ha animado este capítulo en esa parte de tu peregrinaje espiritual?

9. Max cita a un profesor de teología que habló sobre tener un Dios grande o un Dios pequeño.
    - ¿Qué significa tener un Dios pequeño?
    - ¿Qué significa tener un Dios grande?

- Considerando el estado de tu fe hoy, ¿te consideras una persona que tiene un Dios grande o un Dios pequeño, y por qué?

10. Responde a dos preguntas que plantea Max cerca del final de este capítulo:
    - ¿Qué sucedería si cada creyente identificara y empleara el don que le ha dado el Espíritu?
    - ¿Qué pasaría si cada uno de nosotros operara según el impulso y la provisión del Espíritu?

13

Sopla sobre los huesos

El Espíritu como soplo

1. En este capítulo, Max habla sobre la visión de los huesos secos de Ezequiel 37. Lee el pasaje siguiente:

   «El Señor puso su mano sobre mí y fui llevado por el Espíritu del Señor hasta un valle que estaba lleno de huesos. El Señor me condujo por entre los huesos que cubrían el fondo del valle. Estaban desparramados en el suelo por todas partes y completamente secos» (vv. 1-2).

- Ezequiel vio esos huesos secos y se sintió desesperanzado. ¿Hay algún «hueso seco» en tu vida que te produce un sentimiento de desesperanza? ¿Cuál o cuáles son?
- Asombrosamente, Dios invitó a Ezequiel a invitar a su Espíritu. ¿Cómo hace eso mismo contigo?

2. Lee Ezequiel 37:4-6:

Entonces me dijo:

—Anuncia un mensaje profético a estos huesos y diles: "¡Huesos secos, escuchen la palabra del SEÑOR! Esto dice el SEÑOR Soberano: '¡Atención! ¡Pondré aliento dentro de ustedes y haré que vuelvan a vivir! Les pondré carne y músculos y los recubriré con piel. Pondré aliento en ustedes y revivirán. Entonces sabrán que yo soy el SEÑOR'".

Lee los versículos 7-8:

Así que yo anuncié el mensaje, tal como él me dijo. De repente, mientras yo hablaba, se oyó un ruido, un traqueteo por todo el valle. Se juntaron los huesos de cada cuerpo y volvieron a unirse hasta formar esqueletos enteros. Mientras yo observaba, vi que se formaron músculos y apareció carne sobre los huesos. Después se formó piel para recubrir los cuerpos, pero aún no tenían aliento de vida.

- ¿Qué les sucedió a los huesos secos cuando Ezequiel profetizó sobre ellos?
- ¿Qué no les ocurrió a los huesos?

3. Lee Ezequiel 37:9-10:

Luego me dijo: «Hijo de hombre, anuncia un mensaje profético a los vientos. Anuncia un mensaje profético y di: "Esto dice el Señor Soberano: '¡Ven, oh aliento, ven de los cuatro vientos y sopla en estos cuerpos muertos para que vuelvan a vivir!'"». Así que yo anuncié el mensaje como él me ordenó y entró aliento en los cuerpos. Todos volvieron a la vida y se pusieron de pie; era un gran ejército.

- ¿Qué les sucedió a los cuerpos cuando Ezequiel profetizó al soplo?
- ¿Qué representa el soplo?
- ¿De dónde vino el soplo?
- ¿Qué papel desempeña el soplo en nuestro cuerpo?
- ¿Qué te dice esto sobre la naturaleza vital del Espíritu Santo?

4. ¿Qué papel jugó Ezequiel a la hora de devolverles la vida a los huesos secos? ¿Qué te dice esto sobre el papel que jugamos nosotros a la hora de devolverles la vida a nuestros huesos secos?

5. Lee Juan 20:19-23:

Ese domingo, al atardecer, los discípulos estaban reunidos con las puertas bien cerradas porque tenían miedo de los líderes judíos. De pronto, ¡Jesús estaba de pie en medio de ellos! «La paz sea con ustedes», dijo. Mientras hablaba, les mostró las heridas de sus manos y su costado. ¡Ellos se llenaron de alegría cuando vieron al Señor! Una vez más les dijo: «La paz sea con ustedes. Como el Padre me envió a mí, así yo los envío a ustedes». Entonces sopló sobre ellos y les dijo: «Reciban al Espíritu Santo. Si ustedes perdonan los pecados de alguien, esos pecados son perdonados; si ustedes no los perdonan, esos pecados no son perdonados».

- ¿Cómo les dio Jesús a los discípulos el Espíritu Santo?
- ¿Qué es importante acerca de que Jesús les diera el Espíritu a los discípulos?
- ¿Qué te dice esto sobre cómo y cuándo te dará Dios su Espíritu?
- ¿Has permitido que Dios te dé su Espíritu como un regalo? ¿Por qué sí o por qué no?
- De ser así, ¿cómo has experimentado al Espíritu como un regalo?
- De no ser así, ¿qué te impide recibir al Espíritu?

6. Piensa en las partes secas de tu vida de las que hablaste en la pregunta 1 .¿Qué les pasaría a esos huesos secos si cobraran vida?
   - ¿Le has pedido al Espíritu que sople sobre esas áreas secas de tu vida? ¿Por qué sí o por qué no?
   - Imagina a tus «huesos» secos reviviendo y volviéndose vibrantes. ¿Cómo se diferenciaría tu vida al colaborar con el Espíritu de esta manera?

7. Quizá eres tú el que se siente seco. Como dice Max: «¿Estás cansado? Inhálalo a él. ¿Se te está acumulando el estrés? Inhálalo a él. ¿Amenaza el temor con consumirte? Respira profundamente el soplo de vida» (p. 161). Respira profundamente ahora mismo. Mientras lo haces, pídele al Espíritu Santo que sople vida en cada hueso seco de tu cuerpo y confía en que el Espíritu puede darte nueva vida.

Notas

Reconocimientos

1. Bernard L. Ramm, *Rapping about the Spirit* (Waco, TX: Word, 1974), p. 7. Sobre el asunto de las dificultades al estudiar al Espíritu Santo, ver también Millard J. Erickson, *Christian Theology*, ed. sin abreviar, un volumen (Grand Rapids: Baker Books, 1983), pp. 846-48.

Capítulo 1: ¿El Quién Santo?

1. ¿Es el Espíritu Santo masculino? ¿Es femenino? La respuesta es nada de eso. El Espíritu Santo no adoptó forma humana. No se le aplica género al tercer miembro de la Trinidad. La palabra *espíritu* es a la vez masculina y femenina en hebreo, neutra en griego, y solo se convierte en masculina en latín. A muchos escritores les resulta útil evitar cualquier referencia al género, por lo que solo se refieren al Espíritu como «el Espíritu». Para la facilidad de la lectura y para seguir el ejemplo de Jesús en Juan 14–16, ocasionalmente me refiero al Espíritu como «él». (Inicialmente intenté rotar entre «él» y «ella», pero ese enfoque me resultó discordante). Sin embargo, para dejarlo claro, el Espíritu está más allá de nuestras limitaciones de género. Confío en que el lector tendrá eso presente y el Espíritu traerá a nuestra mente esa verdad cuando sea necesario.

2. Consuela (Hechos 9:31). Dirige (Hechos 13:2, 4; 15:28; 21:11). Habita, nos transforma, sostiene, y un día nos llevará a nuestro hogar celestial (Romanos 14:17; 15:13; 1 Corintios 12:3; 2 Corintios 3:17-18; Judas 20-21).

Capítulo 2: Ven a mi lado

1. La quinta ocasión es 1 Juan 2:1.
2. Lifeway Research, *2018 State of American Theology Study, Research Report,* http://lifewayresearch.com/wp-content/uploads/2018/10/Ligonier-State-of-Theology-2018-White-Paper.pdf, p. 3.
3. J. I. Packer, *Keep in Step with the Spirit: Finding Fullness in Our Walk with God,* ed. rev. (Grand Rapids: Baker Books, 2005), p. 57, énfasis en el original.
4. Frederick Dale Bruner, *The Gospel of John: A Commentary* (Grand Rapids: Eerdmans, 2012), p. 867.
5. Packer, *Keep in Step*, pp. 212-13.

Capítulo 3: Iza tu vela

1. «Katie Spotz», Wikipedia, https://en.wikipedia.org/wiki/Katie_Spotz; Christopher Maag, «Woman Is the Youngest to Cross an Ocean Alone», *New York Times,* 14 marzo 2010, https://www.nytimes.com/2010/03/15/sports/15row.html.
2. «Laura Dekker», Wikipedia, https://en.wikipedia.org/wiki/Laura_Dekker.
3. Esta historia proviene de Bill Frey, un amigo.
4. «La obra de salvación nunca comenzó con los esfuerzos de ningún hombre. Dios Espíritu Santo debe comenzarla. Ahora bien, las razones por las que ningún hombre comenzó nunca la obra de gracia en su propio corazón son muy obvias: en primer lugar, porque no puede hacerlo; en segundo lugar, porque no lo hará. La mejor razón de todas es porque no puede, pues está muerto. Los muertos pueden ser revividos, pero los muertos no pueden darse vida a sí mismos, porque los muertos no pueden hacer nada». Charles Spurgeon, *Spurgeon on the Holy Spirit* (New Kensington, PA: Whitaker, 2000), p. 16.
5. Abraham Kuyper, *The Work of the Holy Spirit*, trad. Henri de Vries (Londres: Funk & Wagnalls, 1900), p. 6.

Capítulo 4: Gemidos del corazón

1. Jurgen Moltmann, *The Spirit of Life: A Universal Affirmation* (Minneapolis, MN: Fortress, 1992), p. 51, como lo cita Leonard Allen,

Poured Out: The Spirit of God Empowering the Mission of God (Abilene, TX: Abilene Christian University, 2018), p. 164.

2. «The Full Story of Thailand's Extraordinary Cave Rescue», BBC News, 14 julio 2018, https://www.bbc.com/news/world-asia-44791998. «Tham Luang Cave Rescue», Wikipedia, https://en.wikipedia.org/wiki/Tham_Luang_cave_rescue#:~:text=The%20 rescue%20effort%20involved%20over,pumping%20of%20more%20 than%20a.

Capítulo 5: Una salvación segura

1. «Un propietario firma su propiedad con su sello para marcarla como propia; si más adelante regresa para reclamarla y su derecho a ella es cuestionado, su sello es evidencia suficiente y pone fin a tal cuestionamiento. Por lo tanto, el hecho de que a los creyentes se les otorgue el Espíritu es la señal de que pertenecen a Dios en un sentido especial [...] Otros sellos, literales o figurados (como la circuncisión, el sello del pacto con Abraham), se ponían externamente; el sello del nuevo pacto se graba en el corazón que cree». (F. F. Bruce, *The Epistle to the Ephesians: A Verse-by-Verse Exposition* [Londres: Revell, 1961], p. 36).
2. George V. Wigram y Ralph D. Winter, *The Word Study Concordance* (Wheaton, IL: Tyndale, 1978), p. 715, nota 4973.
3. Robert H. Stein, «Fatherhood of God», *Baker's Evangelical Dictionary of Biblical Theology,* http://www.biblestudytools.com/ dictionaries/bakers-evangelical-dictionary/fatherhood-of-god.html.
4. Spiros Zodhiates, ed., *Hebrew-Greek Key Word Study Bible: Key Insights into God's Word*, New International Version (Chattanooga, TN: AMG Publishers, 1996), p. 2023, #8959.
5. «The Spirit Confirms Our Adoption», Grace to You, 29 mayo 1983, http://www.gty.org/resources/sermons/45-59/ the-spirit-confirms-our-adoption?term=adoption.
6. Ada Habershon, «Él me sostendrá», *Himnos de gloria y triunfo* (Miami: Vida, 1961), p. 233.
7. Robert Robinson, «Fuente de la vida eterna», *Himnos de gloria y triunfo* (Miami: Vida, 1961), p. 148.
8. «COVID-19 Patient Writes Inspiring Message on Glass to Caregivers», Clínica de Cleveland, 28 marzo 2020, YouTube, https://www.youtube. com/watch?v=pIzNAgiBETM.

Capítulo 6: Calma este caos

1. «Svalbard Global Seed Vault», Crop Trust, www.croptrust.org/our-work/ svalbard-global-seed-vault/.

2. Dorothy Willette, «The Enduring Symbolism of Doves: From Ancient Icon to Biblical Mainstay», Biblical Archaeology Society, 5 agosto 2021, https://www.biblicalarchaeology.org/daily/ancient-cultures/daily-life-and-practice/the-enduring-symbolism-of-doves/.

3. «Application of Science: Only Mammals Make Milk, Right?» Irish Examiner, 12 abril 2021, https://www.irishexaminer.com/lifestyle/healthandwellbeing/arid-40262018.html.

4. «Americans Say They Are More Anxious; Baby Boomers Report Greatest Increase in Anxiety», American Psychiatric Association, 6 mayo 2018, https://www.psychiatry.org/newsroom/news-releases/americans-say-they-are-more-anxious-than-a-year-ago-baby-boomers-report-greatest-increase-in- anxiety#:~:text=New%20York%20%E2%80%93%20Americans'%20anxiety%20levels,%2C%20finances%2C%20relationships%20and%20politics. «La puntuación de ansiedad nacional de este año, derivada de puntuaciones en una escala de 0-100, es de 51, un aumento de cinco puntos desde 2017. Los aumentos en las gráficas de ansiedad se vieron en todos los grupos etarios, en personas de diferente raza/etnicidad, y entre hombres y mujeres. Por generación, los *millennials* continuaron teniendo más ansiedad que los de la Generación X o los *baby boomers,* pero la ansiedad de los estos últimos fue la que más aumentó, con una diferencia de siete puntos entre 2017 y 2018».

5. Ver Efesios 5:19, traducción libre de la Amplified Bible, edición clásica.

Capítulo 7: Cómo escuchar a Dios

1. Associated Press, «450 Turkish Sheep Leap to Their Deaths», FoxNews, 8 julio 2005, https://www.foxnews.com/story/450-turkish-sheep-leap-to-their-deaths, actualización de 13 de enero de 2015.

Capítulo 8: Alma encendida

1. Sebastian Junger, *Fire* (Nueva York: Norton, 2002), p. 43.

2. «The Good and Bad of Forest Fires», My Land Plan, American Forest Foundation, https://mylandplan.org/content/good-and-bad-forest-fires.

3. J. D. Greear, *Jesus, Continued ...: Why the Spirit Inside You Is Better Than Jesus Beside You* (Grand Rapids: Zondervan, 2014), p. 26. Los números variarán ligeramente en las diversas versiones de la Biblia.

4. Anne Graham Lotz, *Jesus in Me: Experiencing the Holy Spirit As a Constant Companion* (Colorado Springs, CO: Multnomah, 2019), pp. 132-33.

Capítulo 9: Huellas aceitosas

1. William R. Moody, *The Life of Dwight L. Moody* (Nueva York: Revell, 1900), p. 149.

Capítulo 10: La ola venidera

1. Mark Galli, «Revival at Cane Ridge, Christian History Institute», https://christianhistoryinstitute.org/magazine/article/revival-at-cane-ridge.
2. Paul Conkin, citado en Galli, «Revival at Cane Ridge».
3. «Mark Galli: Why Aren't Evangelicals Obeying Jesus in Communion & Baptism?», Black Christian News Network, 10 julio 2019, https://blackchristiannews.com/2019/07/mark-galli-why-arent-evangelicals-obeying-jesus-in-communion-baptism/.
4. «Second Great Awakening», Ohio History Central, https://ohiohistorycentral.org/w/Second_Great_Awakening.
5. «In U. S., Decline of Christianity Continues at Rapid Pace», Pew Research Center, 17 octubre 2019, https://www.pewforum.org/2019/10/17/in-u-s-decline-of-christianity-continues-at-rapid-pace/.
6. Adam Hadhazy, «Twenty Startling Facts about American Society and Culture», Live Science, 6 julio 2015, https://www.livescience.com/51448-startling-facts-about-american-culture.html.
7. Brian Resnick, «22 Percent of Millennials Say They Have "No Friends"», VOX, 1 agosto 2019, https://www.vox.com/science-and-health/2019/8/1/20750047/millennials-poll-loneliness.
8. Maggie Fox, «Major Depression on the Rise Among Everyone, New Data Shows», NBC News, 11 mayo 2018, https://www.nbcnews.com/health/health-news/major-depression-rise-among-everyone-new-data-shows-n873146.
9. Jamie Ducharme, «U.S. Suicide Rates Are the Highest They've Been Since World War II», *Time*, 20 junio 2019, https://time.com/5609124/us-suicide-rate-increase/.
10. James Montgomery Boice, *The Gospel of John: An Expositional Commentary, Five Volumes in One* (Grand Rapids: Zondervan, 1985), p. 499.
11. John 7:37, énfasis añadido.
12. C. S. Lewis, *La silla de plata* (Nueva York: HarperCollins, 2005), p. 33.
13. Conrad Hackett y David McClendon, «Christians Remain World's Largest Religious Group, but They Are Declining in Europe», Pew Research, 5 abril 2017, https://www.pewresearch.org/fact-tank/2017/04/05/christians-remain-worlds-largest-religious-group-but-they-are-declining-in-europe/.

14. Stephen F. Olford, *Heart Cry for Revival* (Memphis, TN: Olford Ministries, 2005), p. 18.
15. James Burns, *Revivals: Their Laws and Leaders* (Londres: Hodder and Stoughton, 1909), p. 19.
16. Jonathan Edwards, citado en J. D. Greear, *Jesus, Continued* (Grand Rapids: Zondervan, 2014), p. 195.
17. Roy Jenkins, «The Welsh Revival», BBC, 16 junio 2009, https://www.bbc.co.uk/religion/religions/christianity/history/welshrevival_1.shtml.
18. «1904 Revival», Moriah Chapel, www.moriahchapel.org.uk/index.php?page=1904-revival.

Capítulo 11: Habla

1. Un judas diferente al que traicionó a Cristo.
2. *The Book of Acts in Its First Century Setting*, ed. Richard Bauckham, vol. 4, *The Book of Acts in Its Palestinian Setting* (Grand Rapids: Eerdmans, 1995), p. 260.
3. «Porque tanto amó Dios al mundo que dio a su Hijo unigénito, para que todo el que cree en él no se pierda, sino que tenga vida eterna» (Juan 3:16, NVI).
4. Robert P. Menzies, *Empowered for Witness: The Spirit in Luke–Acts* (Londres: T&T International, 2004), p. 258.
5. Mateo 28:19-20, NVI.
6. Esta historia se ha usado con el permiso del hijo de Samuel Justin, el reverendo Linus Samuel Justin.

Capítulo 12: Te desataste

1. Agradecimiento a Robert Morris por sugerir esta manera de bosquejar los dones del Espíritu. Ver *The God I Never Knew: How Real Friendship with the Holy Spirit Can Change Your Life* (Colorado Springs, CO: WaterBrook, 2011), pp. 124-44.
2. Donald Barnhouse, *Romans*, citado en Charles R. Swindoll, *The Tale of the Tardy Oxcart and 1,501 Other Stories* (Nashville: Word Publishing, 1998), p. 233.

Capítulo 13: Sopla sobre los huesos

1. Frederick Dale Bruner, *The Gospel of John: A Commentary* (Grand Rapids: Eerdmans, 2012), p. 1164.